Spracherwerb im Erwachsenenalter. Berufsbezogene linguistische Kompetenz

GRIN ☺

Bibliografische Information der Deutschen Nationalbibliothek:

Die Deutsche Nationalbibliothek verzeichnet diese Publikation in der Deutschen Nationalbibliografie; detaillierte bibliografische Daten sind im Internet über http://dnb.d-nb.de abrufbar.

ISBN: 9783346861559
Dieses Buch ist auch als E-Book erhältlich.

Druck und Bindung: Books on Demand GmbH, Norderstedt Germany
Gedruckt auf säurefreiem Papier aus verantwortungsvollen Quellen

Das vorliegende Werk wurde sorgfältig erarbeitet. Dennoch übernehmen Autoren und Verlag für die Richtigkeit von Angaben, Hinweisen, Links und Ratschlägen sowie eventuelle Druckfehler keine Haftung.

Das Buch bei GRIN: https://www.grin.com/document/1351224

PHILIPPS-UNIVERSITÄT MARBURG

Fachbereich 09,
AG Deutsch als Fremdsprache
Zusatzqualifizierung Berufssprachkurse

-Portfolio-

-Inhaltsverzeichnis-

-Abkürzungsverzeichnis-

CKG	C.K.-G.
ZQ	Zusatzqualifikation
BSK	Berufssprachkurs
DeuFöV	Deutschsprachförderung
BAMF	Bundesamt für Migration und Flüchtlinge
BRD	Bundesrepublik Deutschland
TN	TeilnehmerIn im Unterricht
GER	Gemeinsamer Europäischer Referenzrahmen für Sprachen
KB	Kursbuch
AB	Arbeitsbuch
UE	Unterrichtseinheit
LK	Lehrkraft
PTN	Prüfungsteilnehmer
LW	Lehrwerk
EA	Einzelarbeit
GA	Gruppenabeit
PL	Plenum
V	Verkäufer/-in
K	Kunde/-in
RM	Redemittel
B	BeobachterIn
AG	Arbeitsgruppen
RS	Rollenspiel
GER	Gemeinsamer Europäischer Referenzrahmen
Min.	Minuten
RK	Rollenkarten
HA	Hausaufgabe
TV	Textverständnis
S.	Seite
u.a.	unter anderem
SW	S.
J.	Jahre
UFP	Unterrichtsfeinplanung

-Portfolio-Aufgaben-

Einstiegsreflexion

Persönliche Fachkompetenz vor der „Zusatzqualifikation Berufssprachkurse":
Am Beginn der 'Zusatzqualifikation Berufssprachkurse' kann ich wenig professionelle Erfahrung zu Berufssprachkursen nachweisen, obwohl ich bereits seit 2014 über allgemeine Integrationskurslehrpraxis verfüge. Ich bekam nun vor kurzem durch meinen aktuellen Arbeitgeber die unverhoffte Gelegenheit, einen *DeuFöV-Kurs A2/B1+* gemeinsam mit einem Kollegen zu führen.

Bisher versuchte ich bereits in den von mir geführten allgemeinen Integrationskursen, passende berufssprachliche Elemente zu vermitteln, da die meisten KursteilnehmerInnen doch hier in der Bundesrepublik Deutschland schnellstmöglich eine Berufstätigkeit aufnehmen möchten und oft müssen. Ich empfinde an dieser Stelle eine besonders hohe Verantwortung als Kursleitende für Berufssprachkurse, der ich gerne nach bestem Wissen und Gewissen gerecht werden möchte.

Über die Spezifika des deutschen und globalen Arbeitsmarktes sehr gut informiert, versuche ich selbstverständlich auch den Teilnehmern in Berufssprachkursen, meine eigenen langjährigen Berufserfahrungen aus öffentlicher Verwaltung und freier Wirtschaft gewinnbringend nahezubringen, um sie mit der hiesigen deutschen beruflichen Realität möglichst frühzeitig vertraut zu machen. Die Teilnehmer sollen aber auch wissen, dass die BRDeutschland unbedingt auf gut ausgebildete Fachkräfte mit Migrationshintergrund für den Einsatz auf dem deutschen Arbeitsmarkt angewiesen ist, wenn sie ihren Wohlstand absehbar erhalten möchte, an dem besagte Fachkräfte mit und ohne Migrationshintergrund bestens partizipieren können, wenn sie denn bereit und gewillt sind, ihre Arbeitskraft hier nach besten Kräften einzubringen.

Ich sehe meine didaktischen und methodischen Defizite bzw. meine Unsicherheit aufgrund mangelnder Lehrpraxis aktuell in der fachbezogenen Unterrichtsplanung sowie der selbstverständlichen Verwendung von neuen digitalen Lernangeboten für die Teilnehmer, welche ich dringend aufarbeiten und verbessern muss laut Ergebnis des Fragebogens „Selbstreflexion der Lehrkompetenz" der Universität Marburg in Vorbereitung auf die Zusatzqualifikation![1] Ich möchte mich **insbesondere durch die ZQ befähigt sehen, den Teilnehmern** *lerneradäquate Strategien zur Erweiterung ihrer persönlichen*

---

[1] https://www.bamf.de/SharedDocs/Anlagen/DE/Integration/Integrationskurse/Lehrkraefte/
(abgerufen am 09.07.2022)

förderbedürftigen Lernkompetenz an die Hand zu geben und diese anschließend *individuell selbstständig weiterzuentwickeln.* Hier erwarte ich für mich den größten Kompetenzzuwachs durch die Zusatzqualifikation und freue mich sehr auf diese spezifischen Module, selbst im Online-Teaching.

Umso erfreulicher wäre es für mich, wenn ich als kompetente Lernbegleiterin der Teilnehmer bei (anfänglichen) Schwierigkeiten aktiv in deren persönlichen Lernprozess miteinbezogen werden würde, um sie zum angesagten Ziel der Findung einer eigenen persönlichkeitsspezifischen Lernstrategie und im besten Sinne zur **'Lernerautonomie'** konstruktiv anleiten zu können. Die Entwicklung von Ausdauer und Geduld sollte hierbei eine wichtige Rolle für die Teilnehmer spielen. *Diese Ziele stelle ich in jedem Falle den Teilnehmern zu Kursbeginn vor* - mit ausreichender Erläuterung und Begründung ihrer dringlichen Relevanz. Meine Vorgehensweise soll den Teilnehmern das *notwendige Bewusstsein zur möglichen Steuerbarkeit und Steuerungsfähigkeit des eigenen Lernprozesses* vermitteln! Die Teilnehmer sollen Inspiration und Befähigung mit "Wohlfühlgefühl" als Lernende sowie in Konsequenz durchaus auch wohltuende Lernschübe erhalten!

So sollen sie mit dieser Methodik jedenfalls lernen, für sich selbst zu handeln, *ihr Leben also selbstbestimmt zu gestalten.* Entsprechend ziele ich im Unterrichtsverlauf vorrangig darauf ab, *die Teilnehmer mit den Instrumentarien der Handlungsorientierung vertraut* zu machen, um in ihrer individuellen Lebens- und Arbeitswelt kommunikativ mit 'ständiger Praxis' eigenständig und wirksam handeln zu können!

Der Einsatz unterschiedlicher Sozialformen war leider coronabedingt in den letzten beiden Jahren stark eingeschränkt, so dass ich, bis auf akute Prüfungsvorbereitung, hauptsächlich frontal im Plenum unterrichtete. Dies soll sich aber nun schnell wieder ändern: 'Leibhaftige' Partner- und Gruppenarbeit werden wieder umso mehr im Fokus meiner hauptsächlich Präsenz-Unterrichtsgestaltung stehen, da diese Konstellationen Spaß, Motivation und Teamgeist im Kursgeschehen anregen bzw. fördern. Ich werde die Gruppendynamik genau beobachten und meine Beobachtungen mit meinen Teilnehmern teilen, auf deren Reaktionen ich schon heute sehr gespannt bin.

Insbesondere werde ich die Teilnehmer im Berufssprachkurs auffordern, ihre eigenen Feststellungen zu den praktizierten Sozialformen zunächst mündlich zu artikulieren, diese in Partnerarbeit schriftlich festzuhalten, um sie anschließend in Gruppen im Plenum möglichst kreativ zu präsentieren. Hierbei orientiere ich mich überwiegend an den Vorgaben des Gemeinsamen Europäischen Referenzrahmens und versuche alle vier Fertigkeiten (Hören, Lesen, Schreiben, Sprechen) der Teilnehmer zu trainieren. **'Sprechen' vermittle ich allerdings im Normalfall als wichtigste Fertigkeit** im handlungsorientierten

5

Unterrichtsrahmen, da sie den direkten Kontakt mit den deutschen MitbürgerInnen ermöglicht. Und dieser ist für einen erwünschten schnellen Integrationsprozess von unschätzbarem Wert. Auch die *Fertigkeit des Schreibens* sollte v.a. im Rahmen von Hausaufgaben intensiviert werden, da beispielsweise das schriftliche Anfertigen von E-Mails und Briefen maßgebliche Lebens- und Berufspraxis mit weitreichenden Konsequenzen beinhaltet. *Anregungen zum selbstständigen Spracherwerb außerhalb des Unterrichts gebe ich den Teilnehmern ständig,* v.a. Nachrichten per Radio oder TV regelmäßig zu hören bzw. zu sehen.

Berufsspezifische Fachsprache und damit verbundenes kommunikatives Sprachvermögen möchte ich im Berufssprachkurs vor allem *durch die realitätskonforme Szenario-Methode* vermitteln und intensivieren. Verwertbare Erfahrungen hierzu kann ich aktuell aufgrund mangelnder Lehrpraxis kaum nachweisen, möchte diese jedoch baldmöglich erwerben!

Meine linguistische Kompetenz hat sich mit zunehmender Lehrpraxis spürbar und stetig vergrößert. Die gewonnene größere Selbstsicherheit sollte sich in der alltäglichen Interaktion mit den Teilnehmern in positiver Weise widerspiegeln!

Meine *persönliche Evaluations- und Prüfungskompetenz habe ich stetig verbessert und nachweislich bzw. nachvollziehbar dokumentiert.* Eine angemessene Fehlerkorrektur/-kultur im Unterrichtsverlauf halte ich im Sinne der Teilnehmer für notwendig bzw. erfolgversprechend! Auch kontinuierliche Lernstandskontrollen und gezielte frühzeitige Abschlussprüfungsvorbereitungen sind ein unverzichtbares Element meiner Sprachvermittlungspraxis und dienen als Gradmesser des Lernfortschritts der Teilnehmer, um durch deren eingefordertes Feedback den Unterricht konstruktiv weiterentwickeln zu können.

Diverse Medien nutze ich bereits permanent im Unterrichtsgeschehen: Sowohl Print- als auch Audiomedien, Apps und die Online-Begleitmaterialien der Lehrwerke setze ich regelmäßig ein. Digitale stimulierende Musikeinspielungen unterschiedlichster Art begleiten oft passende Unterrichtssituationen zu aktuellen Tagesthemen z.B. für die von den Teilnehmern angeregte Unterrichts-Diskussion bzgl. der aktuellen Ukraine-Flüchtlingsdramatik wird per YouTube-Video der stimmungsvolle Song *„From a Distance"* von Bette Midler präsentiert.[2] Hier gibt es von mir vor dem Abspielen eine kurze 'Stand-up-Übersetzung' des Liedtextes in die deutsche Sprache mit stichpunktartiger Tafelanschrift; weitere TN-Fragen zum Textinhalt kläre und beantworte ich gerne sofort im Plenum. An dieser Stelle ist dann *besonders meine Flexibilität wie emotionale Sensibilität gefordert!*

Eine **angenehme vertrauensvolle Kursatmosphäre** *ist* meiner Erfahrung nach unverzichtbare Basis für den notwendigen Lernerfolg der Teilnehmer *und zugleich meinem persönlichen Wohlgefühl und meiner Entlastung als Lehrkraft äußerst zuträglich!*

---

[2] https://www.youtube.com/watch?v=IN4AcFzxtdE (abgerufen am 25.06.2022).

Digitale Webinare z.B. per "Zoom" [3] und diverse Tools zur Unterstützung des Unterrichtkonzepts gehören mittlerweile zum Tagesgeschäft. Ich halte mich diesbezüglich auf dem Laufenden.

So habe ich im Bereich Gesundheit-/Körperpflege den Ausbildungsberuf *Friseur/-in* gewählt, da diese Berufsgruppe mit ihrem kreativen Handwerk und relativ einfachen Mitteln andere Menschen jeglchen Alters und Nationalität durchaus 'glücklich' machen kann! Ein wichtiger und anspruchsvoller Beruf also, auf dem man dank einer guten Ausbildung sowie guter handwerklichen Fähigkeiten, Geschick und Talent *interessante berufliche Perspektiven aufbauen und diese in vielfältiger Form z.B. als Maskenbildner, weiterentwickeln* kann. Der *handwerklichen Phantasie* sind *heutzutage aufgrund nahezu perfekter Styling-Produkte kaum mehr Grenzen gesetzt!*

Zusammenfassend habe ich die *Erwartungshaltung an die Zusatzqualifikation Berufssprachkurs der Universität Marburg* von ihr einen *professionellen Kompetenz- wie Kreativitätsinput zu erhalten* – insbesondere durch Modul 3 „Förderung des selbstständigen Sprachenlernens und arbeitsmarktrelevanter Schlüsselkompetenzen im Erwachsenenalter", Modul 5 „Evaluieren, Prüfen, Testen", Modul 6 „Digitale Kompetenz" und Modul 7 „Aufgaben, Rollen und professionelles Handeln der Lehrkräfte in Berufssprachkursen" – der mich als *Lehrkraft gelassener* macht und *stärkt zugunsten eines teilnehmerorientierten Berufssprachkurs-Fachunterrichts.*

---

[3] https://de.search.yahoo.com/yhs/search?hspart=tro&hsimp= yhs-freshy&type=Y219_F163_204671_042422&p=zoom+homepage+deutsch (abgerufen am 25.06.2022).

Aufgabe zu Modul 1

Grundlagen der Berufspädagogik

"INTERVIEW" MIT FRISEURIN E. K. IN S.

Das Interview fand am 25.06.2022 in S.-City im Friseursalon "H.E." von 14:30–14:55 Uhr statt. Wir beide befanden uns im vorderen Teil des Salons, während hinten weiterhin KundInnen bedient wurden.

Das Interview (vgl. Anhang) sollte inhaltlich erschließen, wie ein *Berufssprachkurs berufspädagogisch strukturiert sein muss*, damit die Teilnehmenden ihre *verpflichtenden Lernziele – primär also die* **Verbesserung der beruflichen Handlungsfähigkeit** - *erreichen* können.[4]

Darüber hinaus habe ich **das Interview** [5] auch als Instrument zur *adäquaten „Sprachbedarfsermittlung im berufsbezogenen Unterricht Deutsch als Zweitsprache"* nach Jens Weissenberg gewählt, weil er explizit herausgearbeitet hat, dass die *individuelle Sprachbedarfsermittlung* der Teilnehmer den *notwendigen diagnostischen Einstieg* für einen *zielorientierten Sprachunterricht* darstellt.[6]

Die Albanin E. sollte als Person und Interviewpartnerin zu den o.a. Aspekten zu analysieren sein:

Sie kam mit 26 Jahren nach Deutschland, als sie bereits mit dem in S. lebenden Mann verheiratet war. Sie lebt jetzt seit ca 4 Jahren in S./Bundesrepublik Deutschland.

Sie hat davor in Albanien bereits 10 J. als Friseurin gearbeitet und dort auch ein eigenes Friseurstudio geführt. Nun konnte sie hier in S. mit ihrem Ehemann endlich auch dauerhaft zusammenleben, wie sie es sich seit langem gewünscht hat. Dafür hatte sie noch in Albanien einen ersten dreimonatigen Deutsch-Sprachkurs absolviert. Hier in Deutschland hat sie dann nur einen Monat den Deutsch-Sprachkurs besuchen können, da sie schnell schwanger wurde und danach den Sprachkurs abbrach. Allerdings musste und wollte sie in ihrer neuen Heimatstadt S. beruflich wieder Fuß fassen: sie suchte sich zunächst selbst einen passenden Arbeitsplatz in einem städtischen Friseursalon, dem sie auch bis heute die Treue gehalten hat. Sie hat mit den Arbeitskolleginnen im Salon in S.dann „ein bisschen weitergelernt."

---

[4] https://www.bamf.de/SharedDocs/Anlagen/DE/Integration/Berufsbezsprachf-ESF-BAMF/BSKen/DE/Integration/Berufsbezsprachf-ESF-_BAMF/BSK (abgerufen am 29.06.2022).
[5] https://www.deutsch-am-arbeitsplatz.de/fileadmin/user_upload/PDF/BD_Fachstelle_Brosch%C3%BCre_2012_A4_web.pdf S.17/45. (abgerufen am 29.06.2022).
[6] https://www.netzwerk-iq.de/fileadmin/Redaktion/Downloads/IQ_Publikationen/Thema_Sprachbildung/Broschuere_Sprachbedarfsermittlung_2012.pdf (abgerufen am 29.06.2022).

Angesprochen auf die wichtigsten sprachlichen Probleme auf der Arbeit antwortete sie, dass *„allgemein die Kommunikation"* auf deutsch schon sehr schwierig war und dazu vor allem die *„Sachen für die Arbeit"* d.h. der große Fachwortschatz des Friseurberufs erschwerend hinzukam! Desweiteren bestanden offensichtlich größere kommunikative Schwierigkeiten bzw. sogar Missverständnisse auf der alltäglichen, normalen Verständigungsebene im Salon: *„Kommunikation: alles war schwierig!"* Auf die Frage nach ihrer persönlichen Strategie zur Bewältigung dieser schwierigen Situationen anwortete E. : *„Ich habe hinten auf Büro geweint!"*

Als einen erfreulichen Aspekt im Zusammenhang mit ihrem albanischen Friseurabschluss kann man allerdings dessen *problemlose Anerkennung* als *'gleichwertig'* gegenüber einem *vergleichbaren deutschen Berufsabschluss* beurteilen.
E. durfte auch über den aktuellen Arbeitgeber Weiterbildungsseminare zu neuen Haarschnitten und Styles absolvieren.
Bezüglich ihrer aktuellen Lernmotivation habe ich erfahren, dass E. unbedingt gerne den fränkischen Dialekt besser verstehen möchte.

Und auf meine wichtige Frage zum *Nutzen eines möglichen Berufssprachkurses,* wenn er sich *lohnen soll,* kam die Antwort von E., dass man bei diesem einen *besseren Umgang mit Kollegen, Kunden, Arzt, Krankenkasse und Agentur für Arbeit lernen könnte, was sie sich selbst doch sehr wünscht!*
Weitere Themen, für die sich E. interessiert, sind für sie als Mutter „Kinderarzt und Kita".

Befragt nach dem *geschäftlichen digitalen Kommunikationsstand*ard per Laptop, Handy etc. erklärte E., dass die komplette Terminvereinbarung u. –bestätigung mit den Kunden automatisch per Laptop erfolgt. Ebenso werden die vollständigen standardisierten Stamm-Kundendaten ausschließlich per Laptop registriert. Dass dieser *digitale Organisationsapparat reibungslos funktioniert,* habe ich als Langzeitkundin selbst erfreut feststellen dürfen!

Was ich an dieser *Stelle bemerkenswert* finde, ist die *überraschende Aussage* von E., dass sie nach dem Auftreten von *größeren Problemen kommunikativer Art* „hinten alleine im Büro geweint hat", da sie doch auf den ersten Blick ziemlich selbstsicher wirkt.
Ihre *'katastrophale'* Rechtschreibung (… „und da noch habe ich ein frisörgescheft geofnet"; „… ich habe noch Albanien eine Deutsch Schprachekurs gemacht gedaur 3 Monate" …) war ebenso *unerwartet,* da sie über eine vergleichsweise korrekte Aussprache verfügt!

Ich versuchte E. zu motivieren, auf jeden Fall weiterhin Deutsch zu lernen bzw. baldmöglich einen passenden Deutsch-Sprachkurs zu besuchen. Sie verwies dankend auf Zeitknappheit und ihren **aktuellen *unbefristeten Arbeitsvertrag!***

Fazit des Interviews mit E. :

Kommunikation und Sprache sind für MigrantInnen die unangefochtene Schlüsselkompetenz zum Eintritt in den deutschen ersten Arbeitsmarkt.

Insbesondere die *Sprachverwendungskompetenz der deutschen Berufssprache öffnet* den Kursteilnehmern die *Türe zur Arbeitswelt!*

In den BSK-Kursen sollten deshalb baldmöglich auch die deutsche Arbeitskultur (Pünktlichkeit, Fleiß, Bereitschaft zu Überstunden ...) sowie die wichtigsten offiziellen behördlichen Arbeitsregelungen („Hygieneschutzverordnungen" ...) und Gesetzesvorschriften („Jugendschutzgesetz" ...) thematisiert werden. Die Teilnehmer der Berufssprachkurse müssen unter anderem befähigt werden, selbstständig wichtige Informationen zu recherchieren und zu analysieren. Ungeprüfte Informationen von Dritten sind jedenfalls nicht ausreichend geeignet, entsprechend wichtige Entscheidungen danach treffen zu müssen. Die *wichtigsten gesetzlichen Regelungen* sind für alle Kursteilnehmenden *online zugänglich.* Die *BSK-Kurse sollten also primär* **handlungsorientiert** gestaltet sein, um die *teilnehmende Zielgruppe* **möglichst ganzheitlich zum selbstständigen Arbeiten** anzuleiten. Viele Berufsgruppen (Ärzte, VerkäuferInnen ...) können vor allem durch gut vorbereitete Rollenspiele lernen, wie sie sich in der Fachsprachenprüfung als auch im späteren "realen" Berufsleben professionell korrekt verhalten - zum Beispiel bei einer berechtigten Reklamation dem Kunden Verständis zu signalisieren und einen insgesamt fairen Kompromiss erzielen zu können oder im entscheidenden Vorstellungsgespräch den Arbeitgeber von der persönlichen Fachkompetenz zu überzeugen und eine Anstellung zu erhalten!

Durch *Progression und Heterogenität* der Kurse *gezwungen,* müssen die Lehrkräfte also letztlich den BSK-Teilnehmern *notwendige Selbstlernstrategien und fachübergreifende Schlüsselkompetenzen vermitteln, damit sich die Kursteilnehmer selbst fehlendes Wissen erarbeiten können!*

Die Lehrkraft muss deshalb täglich *'Feintuning'* betreiben, um all diesen Herausforderungen gerecht werden zu können. Hierzu gehören auch die Vermittlung wichtiger sozialer Kompetenzen und weiterer vielfältiger beruflicher Fachkompetenzen wie Methoden- und Medienkompetenz sowie die Anwendung diverser Lösungsstrategien, Lerntechniken einschließlich eines vernünftigen Zeit- und Organisationsmanagements etc. Die Lehrkraft sollte sich ebenso an den spezifischen kommunikativen und schriftlichen Sprachbedarfen der relevanten Berufsbilder der jeweiligen Kursteilnehmer orientieren und den Teilnehmern die entsprechend abgestimmten Instrumentarien im Unterricht an die Hand geben: authentische Texte zur eigenständigen Erarbeitung, Fachwortschatz zum Selbstlernen im *schriftlichen Bereich* – Szenarien, Exkursionen oder Praktika im *allgemein- und berufssprachlichen Bereich*. Den Teilnehmenden sollte bereits während des BSK-Kurses bewusst werden, welche Lernziele sie uneingeschränkt erreichen müssen bzw. die drohenden Konsequenzen bei Nichterreichen dieser Ziele vor Augen haben. Auch die Psychohygiene der Teilnehmer muss die Lehrkraft in ihr ganzheitliches Unterrichtskonzept miteinbeziehen. Schließlich sollten im BSK auch inter- und transkulturelle Kompetenzen behandelt werden. Damit soll eine notwendige sorgfältige Sprachbedarfsermittlung gewährleistet und die frühzeitige Kooperation zwischen Lehrkraft, Kursteilnehmern wie Akteuren der beruflichen Bildung/Beratung für den regionalen Arbeitsmarkt und seiner Betriebe ermöglicht werden!

ANGABEN ZUR PERSON	
Name:	E. K.
Wohnort:	S. (SW)
Geschlecht	weiblich
Familienstand:	verheiratet
Alter:	29
Heimatland:	Albanien
Zeitpunkt der Einreise nach Deutschland:	2018
Nationalität und Staatsangehörigkeit:	albanisch
Warum sind Sie nach Deutschland ge-kommen?	Mein Mann hat bereits hier in SW gelebt und ich mit ihm zusammenleben wollte.
BERUF, AUSBILDUNG UND ARBEITSER-FAHRUNG	

Ausbildung u. Arbeitserfahrung vor der Zuwanderung nach D?:	
Haben Sie eine Ausbildung gemacht? Wo? Wie war das?	Ich habe in Albanien in der Stadt E. eine Ausbildung zur Friseurin gemacht. Die Ausbildung war dual und dauerte 7 Monate.
Haben Sie bereits gearbeitet? Wo? Wie war das?	Ich habe dort 10 J. im Friseurberuf gearbeitet und sogar ein Friseurgeschäft eröffnet.
Wie verlief der Arbeitseinstieg? Gibt es Empfehlungen für andere MigrantInnen in vergleichbaren Situationen?	Anfangs war es für mich superschwer, weil ich hier keinen kannte und die Sprache nicht konnte und es ein anderes Land war und neue KollegInnen/MitarbeiterInnen etc.
SPRACHLERNBIOGRAPHIE	
Welches waren die wichtigsten sprachlichen Probleme auf der Arbeit?	„Kommunikation allgemein" und „Sachen für die Arbeit" d.h. Fachwortschatz.
In welchen beruflichen Situationen gab es bisher Missverständnisse bzw. kommunikative Schwierigkeiten?	„Kommunikation: alles war schwierig!"
Was hast du in solchen Situationen gemacht (Strategie)?	„Ich habe hinten auf Büro geweint".
Bereits offizielle Berufsanerkennung vorhanden? Falls nicht, Gründe?	Mein Friseurabschluss aus Albanien ist hier als gleichwertig anerkannt.
Wie verlief der Anerkennungsprozess?	Problemlos.
Wie erfolgte die Unterstützung bei Arbeitssuche / im Anerkennungsverfahren?	Ich habe selbst den Arbeitsplatz gesucht. Ich hab jetzt auch einen unbefristeten Arbeitsvertrag.
Beteiligung an Weiterbildungen? Ja? / Mit welchem Ziel?	Ich habe Seminare für 'Färbung und neue Haarschnitte' besucht.
FRAGEN ZUR LERNMOTIVATION	
In welchen Bereichen möchten Sie sich verbessern? Möchten Sie besser sprechen, lesen, verstehen … können?	Ich möchte den fränkischen Dialekt besser verstehen können.
Welche Erwartungen hätten Sie an einen BSK-Deutschkurs? Welchen Nutzen sehen Sie darin? Wie sollte der BSK-Deutschkurs sein, damit Sie am Ende sagen können, es hat sich doch gelohnt?	Ich könnte dort besseren Umgang mit Kollegen, Kunden, Arzt, Krankenkasse und Agentur für Arbeit … lernen - das wünsche ich mir sehr!

Welche weitere Themen interessieren Sie besonders?	Kinderarzt und Kita.
<u>MEDIEN UND DIGITALE KOMPETENZ</u>	
Welche Kommunikation erfolgt digital? (per Computer, Handy ...)	Terminvereinbarung u. -bestätigung erfolgt automatisch per Laptop; Datenerfassung der Kundendaten (Adresse, Tel.nummer, fachliche Daten f. Colorierung ...) ausschließlich per Laptop.

Aufgabe zu Modul 2

Berufsbezogene linguistische Kompetenz

Einleitung der Textanalyse

Titel des Textes: "Work-Life-Balance wird immer wichtiger" [7]

der Autoren: Ulrike Moritz, Margret Rodi, Lutz Rohrmann, Susan Kaufmann

Entstehungszeit: Jahr 2022

Textsorte: Veröffentlichter Artikel über ein populäres Sachthema

Textintention: Wohlgemeinter Ratschlag für berufstätige Menschen: für ein notwendiges Gleichgewicht zwischen Privat-
und Berufsleben zu sorgen!

Sprachniveau: d.h. besondere Relevanz und Eignung für Berufssprachkurse auf Niveau B1+/B2 +B2!:
aktuell eingestuft in Brückenkurs-Niveau B1+ mit Kurs-/Prüfungsziel B2 - da heterogene TN mitSprach-
niveau B1 und schlechter Durchschnittsquote!

Kursart:: Deutschsprachförderung Berufssprachkurs B1+/B2, Niveau B1+

Hauptteil der Textanalyse

Thema des Textes: Die dringliche Relevanz von einem notwendigen Ausgleich/Gleichgewicht zwischen Berufs- und
Privatleben in der digitalisierten Arbeitswelt

Bezug zwischen Überschrift *"Work-Life-Balance wird immer wichtiger"* - Deutsche Übersetzung/Erklärung des hierzulande
bekannten Schlagwortes in englischer Sprache folgt als Auflösung
„Gleichgewicht zwischen Leben und Arbeiten" dann *final und explizit in Worten im
Schlusssatz* – dazwischen:

und Inhalt: wird im fortlaufenden Text anhand einer detaillierten Beschreibung der aktuellen Arbeits- und
Lebenssituation von digitalen Leistungsgesellschaften - im Unterschied zu früheren 'analogen'
Arbeitslebensläufen - erläutert z.B. in den Agrargesellschaften/Großfamilien vs. heutigen Kleinfami-
lien/Alleinerziehende; Größere räumliche Distanz zwischen Eltern und erwachsenen Kindern; bäu-
erliche Feld- vs. heutigen Kleinfamilien/Alleinerziehende; Stress/Überlastung durch per-
manente Erreichbarkeit /Homeoffice; Vielfach nur 'Befristete Arbeitsverträge' mit unsicherer (finan-
zieller) Zukunftsperspektive – mit notwendigem Überdenken der schwerwiegenden Folgen!

Gliederung des Textes: Einleitung („... früher ..."), Hauptteil („Heute ..."), Schluss („Aus all diesen Gründen / retrospektiv ...")

der verwendeten Sprachmittel: sehr aktueller Sprachstil mit adäquatem Zeitbezug z.B. sprachintegrierte englische
Schlagworte "Work-Life-Balance, "Homeoffice"

Auffälligkeiten in der Sprachverwendung: Nur Erzählung im Imperfekt („... früher lebten") oder Präsens („Heute gibt es ..")

Grammatik: Zeitadverbien zur Betonung vorangestellt („Heutzutage ..."; Adjektive; NSe mit „deshalb", begründende HSe mit
„Deshalb"; unpersönlicher Hauptsatz „Man ging ..." ; klassischer Aussage-HSe/Nomen-Verb-Verbindung
Subjekt, Prädikat, Objekt; verallgemeinernde Relativsätze als HS („Wer sich ..."); HSe mit Passivkonstruktion
(„Überstunden ... werden ..."); verstärkende Modaladverbien „Noch ..."; Zusammengesetzte Konnektoren („Als Folge
davon ..." Vergleiche „als"; Satzreihung („Wer .... oder wer ..., hat ... zu kämpfen."; Komparativ: „dringender denn")

Verwendete Adjektive: starker Gebrauch von Adjektiven: „gesund, körperlich, schwer, einfach, getrennt, klein, viel, weit, sozial,
grundlegend, weit, sitzend (Gerundiv), ständig, überlastet, angeboten, befristet, freiberuflich, dringend ...

Dominante Wortarten: Substantive, Adjektive, Verben, Adverbien in schlichter Aussageform

Funktion des Textes: Beschreibung des Ist-Status der digitalisierten, globalen Arbeitswelt mit weitreichenden Konsequenzen für
Arbeitnehmer beruflich/privat

Adressaten des Textes: Allgemein Interessierte an der heutigen 'allumfassenden' Arbeitswelt wie insbesondere Arbeitnehmer
Arbeitgeber / Jugendliche kurz vor Eintritt ins Berufsleben / SchülerInnen / RentnerInnen

Schlussteil der Textanalyse

Bestätigung der anfänglichen Vermutung? Die durch die Überschrift zu erwartenden Aspekte des Textes wurden vollumfänglich
und prägnant präsentiert

Grund für Platzierung des Textes: Interessant, instruktiv für Zielgruppe mit Reflektionsintention; geeignet für Kompetenz
'Leseverstehen'

Mögliche Probleme: Zusammenhang zwischen englischem Texttitel/Überschrift und deutschem Textinhalt, da erst im Schlusssatz die 'übersetzte'/bedeutungsrelevante deutsche Variante/idiomatischer Transfer des Schlagwortes
"Work-Life-Balance" erfolgt – für fremdsprachenungewohnte TN möglicherweise verständniserschwerend!

**Fazit der Textanalyse: Hilfe zur Bewusstseinsbildung über die Folgen von Berufsausübung für die
komplette Lebenssituation – inwieweit selbst beherrschbar oder nicht?**

---

[7] https://www.derdiedaf.com/lehrwerk/linie-1-beruf/583 Susan Kaufmann, Ulrike Moritz, Margret Rodi,
Lutz Rohrmann, Anja Schümann, Hildegard Meister - Linie 1 Beruf B2: Kurs- und Übungsbuch mit
Audios und Videos | Klett Sprachen Stuttgart, S. 131. (abgerufen am 22.06.2022).

<u>Aufgabe zu Modul 3</u>

Förderung des selbstständigen Sprachenlernens und arbeitsmarktrelevanter Schlüsselkompetenzen im Erwachsenenalter

Zweifellos ist die *Verbesserung der LernerInnenautonomie* der Teilnehmer durch geeignete Lernstrategien sowie durch passende Arbeitsweisen zur *Förderung von Schlüsselkompetenzen*, wie beispielsweise Empathie, Kritikfähigkeit, Belastbarkeit, Teamfähigkeit, Umgang mit Konflikten, die Hauptaufgabe der Lehrkräfte im berufsbezogenen Deutschunterricht. Im Rahmen der Praxis- und Reflexionsphase habe ich eine Unterrichtseinheit geplant, in der die TN durch ein *Rollenspiel* zum Thema **"Reklamation – Führen eines Beschwerdegesprächs"** die *Schlüsselkompetenz "Verständnis bzw. Entgegenkommen signalisieren"* entwickeln, anwenden lernen und fest einüben (vgl. Anhang Rollenspiel „Der Kunde ist König!"): Unter dem Motto „Der Kunde ist König!" soll in einem klassischen Rollenspiel auf dem Sprachniveau B1+ das Handlungsfeld „Realisierung von Gefühlen, Haltungen und Meinungen" bearbeitet werden, indem während eines förmlichen Reklamationsgesprächs zwar Emotionen verbal artikuliert, jedoch aggressives Kundenverhalten verhindert und eine vertrauensvolle, sachliche Atmosphäre zur konstruktiven Problemlösung geschaffen wird, wozu die routinierte Verkäuferin im Rollenspiel hauptsächlich mit ihrem professionellen Verhalten und dem Signalisieren von Verständnis bzw. Empathie beiträgt und in der Folge mit ihrer konkreten Kompromissbereitschaft gegenüber der Kundin eine schnelle einvernehmliche Problemlösung findet. Die Teilnehmer sollten also v.a. *in der Kundenrolle ihre Emotionen kontrollieren lernen* und stattdessen den *defekten Gegenstand als 'unbrauchbaren Wasserkocher' beanstanden* und *nicht das Verkaufspersonal als Problem ansehen und anfeinden!*

Die Teilnehmer lernen auf diese Weise zudem diverse, ihnen bekannte strategische Lernhandlungen zu aktivieren und sie in Form einer klugen Vorgehensweise mit erwünschtem und erreichtem erfolgreichen Reklamationsabschluss d.h. der Aushändigung eines neuen funktionsfähigen Wasserkochers - als erreichte (strategische) Lernziele (vgl. Anhang Rollenspiel „Der Kunde ist König!") bewusst kognitiv abzuspeichern und im Bedarfsfalle erneut situativ abzurufen. Ein größerer Zielkonflikt wurde also durch bewusste und geschickte beidseitige (Verkäufer + Käufer) Kommunikationsstrategien, die sich die Teilnehmer - zwar mit adäquater Lehrkraftunterstützung - *doch überwiegend selbst erarbeitet haben*, vermieden!

Auch der *'Köhlereffekt'* ist für alle Teilnehmer berücksichtigt, was konkret bedeutet: Konstruktive Problemlösung durch Kommunikation mit Hilfe einer gruppendynamisch sehr förderlichen Zusammenarbeit bei der gemeinsamen Entwicklung der beidseitigen Strategien für einen erfolgreichen Reklamationsabschluss, insbesondere mit dem gleichberechtigten Einbezug von lernschwächeren und lernstarken Teilnehmern in die aktive Gruppenarbeit unter der Prämisse des bekannten einzigen gemeinsamen Ziels! So kann man mit Hilfe des Rollenspiels auf unterschiedlichste Weise ausprobieren und diverse Lernstrategien abrufen, um als VerkäuferIn oder Kundin argumentativ zu überzeugen.[8] Die Palette der zur Verfügung stehenden Lernstrategien beinhaltet u.a. die Verbesserung des Erinnerungvermögens, die Anwendung von Lerntechniken, die geschickte Kompensation fehlender Kenntnisse, das Organisieren und Evaluieren des eigenen Lernens sowie das Management von Gefühlen und Emotionen als auch das schlichte „Von anderen lernen".

So ist die Wahrscheinlichkeit doch sehr groß, dass die Teilnehmer ihre eingeübten Rollen als Verkäuferin und Kunde bei Bedarf im "realen Leben" für sich erfolgreich anwenden können!

Leider ist das beschriebene Rollenspiel aktuell in meinem Berufssprachkurs 'noch nicht' wie ursprünglich geplant vollständig durchführbar gewesen, zum einen weil das Sprachniveau der Teilnehmer Ende A2/Beginn B1 noch nicht die notwendige Sprachkompetenz gewährleistet, zum anderen weil die Teilnehmer oft nur sporadisch im Kurs anwesend sind und waren, als es eingeplant war. Deshalb ist kürzlich, da ich selbst aus Gesundheitsgründen verhindert war, eine Lehrkraft-Kollegin eingesprungen und hat das Rollenspiel kleinteilig am 07. Juli 2022 insofern realisiert, als sie die *einfache Reihenfolge der Redemittel* dafür in zweifacher Gruppenarbeit, sowohl in der Rolle der Verkäuferin als auch der Kundin, von den Teilnehmern kombinieren ließ – so wie ich es geplant habe. Laut Aussage der Kollegin waren die *Teilnehmer von ihrem strategischen und linguisitischen Wissensgewinn und Lernerfolg doch recht begeistert*, was mich sehr freut.

Sobald die Teilnehmer über ausreichende B1-Kenntnisse verfügen, werde ich das Rollenspiel auch tatsächlich durchführen. Man darf gespannt sein, wie schnell dieses Ziel von den Teilnehmern erreicht sein wird!

---

[8] Adaptiert von R. Oxford, Strategy Inventory for Language Learning (SILL), R. Oxford, 1989 https://richarddpetty.files.wordpress.com/2010/03/sill-english.pdf (abgerufen am 04.06.2022).

<u>Aufgabe zu Modul 4</u>

Didaktik und Methodik im berufsbezogenen Deutschunterricht

In der Praxis- und Reflexionsphase der ZQ haben wir (A. K., T. K.-M., M. H.und C. K.-G.) im Rahmen der Gruppenzusammenarbeit eine Unterrichtseinheit (45 Min.) für den angestrebten Beruf eines /-er AltenpflegerIn mit deutlichen Sprachdefiziten auf dem Sprachniveau B1+ unter Einbezug des LW Linie 1 Beruf B1+/B2, Lektion 7, S. 124/125 konzipiert (vgl. Anhang) und am 21.05.2022 im Plenum präsentiert.[9] Übergeordnetes Unterrichtsthema ist hierbei die 'Gesundheit' bzw. der Umgang mit beruflichem Stress und die dafür notwendigen Lösungsansätze und –strategien. Dabei sollten die Teilnehmer zum einen selbst berufsbedingte Stressfaktoren erkennen; zum anderen sollten sie dafür möglichst selbstständig Lösungsstrategien entwickeln und anwenden können.

Zum Einstieg wählten wir das Cartoon-Bild aus dem von uns analysierten Artikel „*Acht Stufen zu einem einfacheren Leben*" aus, was einen überlasteten, deprimierten Büroangestellten inmitten eines übervollen Schreibtisches zeigt, der gerade von seinem Chef beschimpft wird und über den die KollegInnen im Hintergrund lästern.© Diese bildliche Darstellung als ein besonders gelungenes Symbol für leibhaftigen, nachvollziehbaren alltäglichen beruflichen Stress, mit dem die Teilnehmer im Berufsalltag umzugehen haben und mit dem sie sich daher gut identifizieren können, ist für eine aktive Unterrichtsbeteiligung sehr förderlich. Die 'Anwendungs-/Übungs- und Präsentationsphase' des Unterrichtsplans besteht in der integrierten kurzen 'Learning Apps-Übung', in der mit einem selbst erstellten Übungsblatt feste *nominale Ausdrücke des Wortfeldes 'Stress' mit unterschiedlichem Schwierigkeitsgrad* den angegebenen Verben zugeordnet werden müssen, wodurch die Teilnehmer zur kognitiven Vertiefung der schwierigen festen Wortverbindungen motiviert werden sollen (z.B. „Klarheit über etwas gewinnen", „die erste Schneise schlagen"). Auf diese Weise wird auch die *teilnehmer- und lernzielorientierte Binnendifferenzierung* berücksichtigt. Denn deutsche idiomatische Ausdrucksformen sind oftmals nur mit ausreichendem kulturellen Hintergrundwissen einzuordnen und zu verstehen. Infolgedessen sind die Teilnehmer besonders motiviert, ihre Kenntnisse der deutschen Sprache deutlich zu erweitern. Negativ bei unserer Planung ist anzumerken, dass der gewählte Text für unsere Teilnehmer B1+ sehr lang und anspruchsvoll ist und möglicherweise überfordernd, besonders im Hinblick auf die häufigen neuen, bedeutungsintensiven Redemittel. Dies kann sich durchaus in Seufzern, angespanntem Gesichtsausdruck, Gemurmel und heftigem Nachfragen manifestieren und den knappen Zeitplan doch erheblich durcheinanderbringen, wenn nicht gar zu 'Protest' der Teilnehmer

---

[9] https://www.derdiedaf.com/lehrwerk/linie-1-beruf/583 Susan Kaufmann, Ulrike Moritz, Margret Rodi, Lutz Rohrmann, Anja Schümann, Hildegard Meister - Linie 1 Beruf B2: Kurs- und Übungsbuch mit Audios und Videos | Klett Sprachen Stuttgart, S. 124/125. (abgerufen am 22.06.2022).
© Werner Tiki Küstenmacher und Lothar J. Seiwert Campus Verlag, Frankfurt am Main

führen! Solch eine Perspektive sollte in jedem Falle bei der Umsetzung der Planung bedacht und das Unterrichtskonzept entsprechend vereinfacht und überarbeitet werden. Die Teilnehmer sollten selbst gerade bei dieser Themenwahl nicht allzu sehr unter Verständnisstress geraten; dies könnte für den gewünschten Unterrichtsverlauf doch kontraproduktiv sein!

So sollte man als Lehrkraft die *Unterrichtsplanung vereinfachen und sich auf auf einige wesentliche Aspekte für einen erfolgreich-teilnehmerorientierten Lernprozess fokussieren*, welcher nach gemeinsam erarbeiteten erkennbaren *Wissenszuwachs der Teilnehmer*, von diesen *selbstständig fortgesetzt und intensiviert* werden kann.

Retrospektiv erhielten wir Vier ein durchaus *positives Feedback von den ZQ-Teilnehmerinnen und –beobachterinnen der Praxiserprobungs- und Reflexionsphase* für unser Feinplanungskonzept, was mich sehr motiviert, diese Unterrichtsskizze baldmöglich im 'Berufssprachkurs B1+ B2' umzusetzen, den ich aktuell leider nicht zur Verfügung habe.

<u>Aufgabe zu Modul 5:</u>

Evaluieren, Prüfen, Testen

Im dem zu analysierenden You-Tube-Video, das eine mündliche B1/B2 Prüfung nach telc-Testformat präsentiert, **beziehe ich mich auf *Teil 3 des Gesamtprüfungsinhalts, d.h. der Diskussion*** beider Teilnehmer über eine Pflichtfortbildung des Arbeitgebers zum Thema **„Kommunikation mit Angehörigen"**, welche der Arbeitgeber kostenfrei – jedoch unter Inanspruchnahme der Freizeit – anbietet." [10] Meine Beobachtungen habe ich im „Prüfungsbeobachtungs-Protokoll Deutsch B1 B2 Pflege (Modul 5-PER)" festgehalten (vgl. Anhang).

Als Prüfer fungieren: Herr M. H. und Herr H. R..

Die beiden Prüfungsteilnehmer sind ***M. (w.) und D. (m.)***, jeweils aus Serbien. Der Diskussionspunkt besteht in der Frage, ob man an dieser eigentlichen *„Pflichtfortbildung"* des Arbeitgebers teilnehmen **muss**, selbst wenn man doch wohlverdiente Freizeit sowie familiäre Verpflichtungen hat.

Die sehr selbstbewusste, doch umgängliche M. spricht den ruhig wirkenden D. an, ob er denn an dieser Fortbildung teilnehmen wird. Er bejaht und argumentiert pflichtbewusst mit der Relevanz des Themas für den Berufsalltag als Pflegekraft. M. hingegen erklärt ihm, dass sie durch den Arbeitsstress doch sehr angespannt ist und deshalb bereits Kopfschmerzen hat und eben deshalb nicht an der Fortbildung teilnehmen möchte, da diese zudem in ihre wohlverdiente Freizeit fällt und sie diese doch gut nutzen möchte, weil sie auch hier gut ausgelastet ist und viele organisatorische und familiäre Verpflichtungen zu erfüllen hat. Auch sie bewertet das Thema als durchaus unbedingt wichtig für den Berufsalltag, ihr Privatleben ist ihr aber vergleichsweise dann doch wichtiger. D. hingegen versucht ihr weiterhin deutlich seine eigene Perspektive für die getroffene Top-Priorisierung des Themas klarzumachen und fordert sie am Ende der Diskussion nochmals zu einer möglichen Meinungsänderung auf. Sie betont jedenfalls am Ende, dass sie selbst für eine wichtige Fortbildung keine teuren Teilnehmer-Gebühren zahlen möchte, wobei D. selbst, trotz offensichtlicher Fehlannahme von M., ebenfalls nicht widerspricht. Sie verabschieden sich höflich.

Beiden Prüfungsteilnehmern kann man insgesamt eine sehr flüssige Redeweise bescheinigen. Der slawische Akzent ist jeweils stark ausgeprägt, dennoch hat insbesondere *M.* eine sehr klare, gut vernehmliche Aussprache mit sehr geringer Fehlerquote (z.B. „Wunsche" /

---

[10] https://youtu.be/KfOQURl2wr0 (abgerufen am 04.06.2022/25.06.2022/01.07.2022).

Schlafanzug auf Punkten" / „Diese Thema" …)   und ein großes, spontan abrufbares lexikalisches Repertoir. Auch der Satzbau ist bis auf wenige Ausnahmen regelkonform. *D. hingegen vergisst* oft die Inversion bei dafür notwendigen Satzstrukturen (z.B. bei NS mit einer einleitenden Zeitangabe …) wie ebenso korrekte Verbformen/-zeiten („ …sprechen über dieses Problem …" / *„Dieses Fortbildung*: wenn du deine Meinung änderst, rufst du *mich an später?*" / „… ich *spreche* mit Kollegen" statt: „ … ich habe mit Kollegen gesprochen / „wir versuchen Problem lösen" statt „… zu lösen" und fast immer dazwischen Partikel „Ähh").

Ansonsten ist der Dialog zeitlich relativ ausgeglichen, obwohl die kraftvolle Stimmdominanz von M. darüber täuschen könnte. Beide scheinen sich als Kollegen gut zu verstehen, der kommunikative Pausenaustausch wirkt freundschaftlich und vertrauensvoll.

Beide haben offensichtlich schon einen reichhaltigen Schatz an Arbeitserfahrung mit den Patienten. D. füllt fast permanent kurze Redeunterbrechungen mit dem Partikel „Ähh". M. ist hier sprachlich klar im Vorteil: Ihre Intonation (kräftige Stimme), ihr schneller Redefluss, ihre korrekte Wortschatzverwendung sind formal nahezu einwandfrei und für den/die ZuhörerIn nach den Kriterien des Gemeinsamen Europäischen Referenzrahmens GER gut nachvollziehbar.[11] Natürlich hat sie, im Gegensatz zu D., am Ende den schweren inhaltlichen Fehler bzgl. der Fortbildungskosten gemacht, was sicherlich an der Prüfungsnervosität liegt. Auch Prüfer Herr R. korrigiert diesen Fehler am Ende des Zweiergesprächs nicht mehr explizit, was an sich verwundert, sondern beendet ad hoc und sehr knapp offiziell das Prüfungsgespräch!

Prüfer Herr R. als Interlokutor unterbricht in diesem zweiseitigen Diskurs gewöhnlich nicht, sondern tatsächlich nur zur Absicherung bei den vorherigen Redepassagen von M. - sofern ein gravierendes Missverständnis entstehen könnte z.B. der Waschverzicht der muslimischen Frauen bei männlichen Pflegepersonen.

Die Validität des Gemeinsamen Europäischen Referenzrahmens (Stufen A2-C1) für die professionelle Prüfer-Bewertung ist im **"telc-Prüfungshandbuch Deutsch-Test für den Beruf B1"** als **Prüfungsziel** benannt:[12] Weitere jeweilige Pflichtkriterien sind dabei die notwendige Verankerung in den Berufssprachkursen mit positiver Rückwirkung, die Messung berufsbezogener Sprachkompetenz laut Lernzielkatalog für Berufssprachkurse, Authentizität, die Angemessenheit für die heterogenen Zielgruppen sowie die Zuverlässigkeit bzw. aussagekräftige Zertifizierung der Messung und schließlich die Gewährleistung der Praktikabilität d.h. der effizienten Durchführung der Prüfungsverfahren.

---

[11] https://www.europaeischer-referenzrahmen.de (abgerufen am 06.06.2022).
[12] https://www.bamf.de/SharedDocs/Anlagen/DE/Integration/Integrationskurse/Lehrkraefte/ pruefungshandbuch-deutsch-tests-beruf.pdf?blob=publicationFile&v=3 (abgerufen am 29.05.2022).

Allgemein ist das *Ziel eines jeden Fremdsprachenunterrichts, die kommunikative Sprachkompetenz der Prüfungsteilnehmer zu fördern.*[13] Auch mit tatkräftiger Unterstützung von u.a. Kompensationsstrategien, welche die Lehrkraft den Teilnehmern zielorientiert vermitteln muss! Diese sind auch im Gemeinsamen Europäischen Referenzrahmen explizit erklärt und von anderen Strategien unterschieden.[14]

Die Prüfungsteilnehmer verwenden meist selbstständig Kompensationsstrategien, z.B. die eigene Muttersprache, Mimik/Gestik als nonverbale Kommunikationsform und auch Neologismen. Sie vermeiden grundsätzlich aber bestimmte Gesprächsthemen, bei denen ihnen adäquater Wortschatz fehlt. Auch übertriebene Verallgemeinerungen, Reduktionen, Füllwörter, lose Floskeln und häufige Wiederholungen werden von den Prüfungsteilnehmern bewusst eingesetzt, um Kommunikationsprobleme geschickt zu überspielen.

Manche der genannten Strategien sind allerdings für die Anwendung in einer mündlichen Prüfung unpassend bzw. kontraproduktiv und sollten nur in wenigen Notsituationen eingesetzt werden. Vielmehr sollte die Lehrkraft die Teilnehmer für solche Szenarien dahingehend vorbereiten, sprachliche Defizite mit Hilfe von Synonymen oder Umschreibungen zu kompensieren z.B. mit dem Einsatz von *Spielen wie „Activity" oder „Eisbär",* bei denen man persönliche Strategien zur Lösung von dringlichen Kommunikationsproblemen in allen Lebenslagen intensiv üben kann.

An dieser Stelle sollte **die Lehrkraft zur optimalen Prüfungsvorbereitung zuerst die Lernautonomie der Teilnehmer durch Stärkung von kognitiven, metakognitiven und ressourcenorientierten Kompetenzen fördern.**[15] Ergänzend sollte sie bei der *vorbereitenden Konzeption des Unterrichts definierte Lernziele und Prüfungsformen möglichst gut aufeinander abstimmen und den Teilnehmern dieses Konzept in Form von adäquaten Unterrichtsmaterialien* zur Verfügung stellen.

Zur *erfolgreichen Prüfungsvorbereitung gehört die im Unterricht* zu trainierende *Kommunikationskompetenz* der Teilnehmer. So vermitteln ihnen konkrete Gesprächsleitfäden eine notwendige Grundsicherheit, die gemeinsam im Unterricht für die jeweiligen Prüfungsteile erarbeitet werden sollten. Auf diese Weise kann man entsprechend auch den zweiten Prüfungsteil gut vorbereiten. da hier die TN gewöhnlich größere Schwierigkeiten mit der Besprechung des Prüfungsthemas haben. Ausgesuchte Rollenspiele und Szenarien aus dem Berufsalltag helfen ihnen zu allererst, den berufspraktischen Wortschatz wie Redemittel intensiv

---

[13] https://goeasyberlin.de/wp-content/uploads/2016/04/telc_Deutsch_Handbuch_B2.pdf S.10.
(abgerufen am 06.06.2022).
[14] https://goeasyberlin.de/wp-content/uploads/2016/04/telc_Deutsch_Handbuch_B2.pdf S.11.
(abgerufen am 06.06.2022).
[15] https://www.hs-osnabrueck.de/fileadmin/HSOS/Homepages/LearningCenter/Dateien/
/ Lehrkolleg/Die_Qualitaet_des_Selbststudiums_foerdern_-_Einfuehrung_ins_Thema.pdf Frank Mayer, S. 8.
(abgerufen am 06.06.2022).

einzuüben und zu festigen, insbesondere bei der verbalisierten Meinungsäußerung wie z.B. „Meiner Ansicht/Meinung nach + Verb + Subjekt" usw., um über diese dann in der konkreten Prüfungssituation zuverlässig verfügen zu können, was auch telc in seinen Prüfungsvorbereitungstipps Deutsch B2 empfiehlt.[16] Zusätzlichen Stress verursacht bei den Prüfungsteilnehmern die direkte Beobachtung durch die Prüfer. Deshalb ist es unbedingt erforderlich, die Prüfungssituation authentisch möglichst oft im Unterricht zu simulieren. Auf diese Weise können die Teilnehmenden eine gelassenere und souveränere Gesprächsführung mit spürbar weniger Verunsicherung erreichen. Zudem sollten ihnen stets bewusst sein, dass zur Wahrung der Chancengleichheit ein fairer Dialog mit dem Gesprächspartner zu führen ist und unnötige Partikel („ähh" …) zu vermeiden sind.

In jedem Falle sollte die Lehrkraft diejenigen beruflichen Themen (z.B. „Kritikfähigkeit", „Konfliktfähigkeit", „Gesprächsführung auf Augenhöhe", „Teamfähigkeit") besonders intensivieren, welche den Teilnehmenden aufgrund ihrer Herkunft bzw. anderer heimatlicher beruflicher Sozialisation, noch sehr fremd sind, um sich an diese Gegebenheiten hierzulande möglichst schnell zu gewöhnen, sofern sie beruflichen Erfolg tatsächlich anstreben und die Prüfung als Pflicht-Voraussetzung gut bestehen wollen!

---

[16] https://www.telc.net/fileadmin/user_upload/telc_deutsch_b2_tipps-fuer-teilnehmer_03.pdf S. 31. (abgerufen am 06.06.2022).

<u>Aufgabe zu Modul 6:</u>

Digitale Kompetenz

Wir alle leben in einer '*digitalisierten Welt'*. Deshalb muss man insbesondere als *Lehrkraft über die entsprechende digitale Lehrkompetenz zwingend verfügen*, da sie nicht nur die deutsche Sprache, sondern eben damit gleichermaßen auch die *Instrumentarien für notwendige gesellschaftliche Teilhabe der Teilnehmer* in der Bundesrepublik Deutschlad auf allen Ebenen mit einer adäquaten beruflichen Perspektive als Basis, *vermittelt*. Auch viele wichtige private Angelegenheiten werden mittlerweile vorzugsweise digital erledigt z.B. die schulischen Angelegenheiten der Kinder, die Mitgliedschaft in einem Sportverein oder einer Partei etc. Den Teilnehmern muss also schnellstmöglich und unmissverständlich verdeutlicht werden, dass ihre in den Unterrichtseinheiten zu erarbeitende *digitale Kompetenz zugleich die Schlüsselkompetenz für erwünschten beruflichen Erfolg ist* und auch während einer Berufsausübung ständiger Anwendung und Erweiterung bedarf – gleichermaßen valide zur Erweiterung ihrer überlebenswichtigen kommunikativen Kompetenz!

In meinem aktuellen ersten Berufssprachkurs BSK A2/B1+ konnte ich noch kein Online-Microteaching durchführen. Meine Kursteilnehmer sind großenteils 'berufssprachlich unerfahren' und noch nicht geschult darin, die engen Vorgaben eines globalisierten deutschen Arbeitsmarktes anzuerkennen bzw. ihr Verhalten (v.a. Pünktlichkeit, Verlässlichkeit, Durchhaltevermögen) danach auszurichten. Offensichtlich sind sie alle deshalb zuletzt in der B1-Prüfung gescheitert. Ich arbeite engagiert an einem *notwendigen Sinneswandel der Teilnehmer*, um diese **nach bestem Wissen und Gewissen auf die Berufswelt vorzubereiten**. Die Teilnehmer verstehen noch nicht ausreichend den Zusammenhang zwischen persönlichen Wunschkompetenzen und ihrem aktuell tatsächlich verfüg- bzw. abrufbaren eigenen Wissensstand, d.h. sie möchten am liebsten das Ziel ohne den dafür notwendigen Weg wie die anstrengenden Zwischenschritte, erreicht haben und schätzen sich selbst zumeist falsch ein. Insbesondere ihre mündliche und kommunikative Sprachkompetenz hat aufgrund der langen Corona-Lockdowns gelitten – was die Teilnehmer nun dringlichst durch Eigeninitiative und mit fachlicher Unterstützung im Kurs kompensieren müssen. Deshalb habe ich für die (vorerst) theoretisch konzipierte Berufssprachkurs-Unterrichtseinheit von 45 Min. (*vgl. Anlage*/Realisierung schnellstmöglich vorgesehen!) eine gender-gemischte, heterogene Teilnehmer-Gruppe im 'fortgeschrittenen' Alter auf dem derzeitigen Niveau B1+ gewählt, die langfristig das Ziel „Deutsch-Test für den Beruf B2" vor Augen hat! Thema der Unterrichtseinheit zur Förderung der korrekten wie kommunikativen Sprachkompetenz ist die *„Reklamation"*, also das *erfolgreiche Führen* eines *Beschwerdegesprächs zu einem fehlerhaften elektrischen Wasserkocher unter dem Leitmotiv „Der Kunde ist König!"* Als zugrundeliegendes Lehrwerk fungiert „Treffpunkt Dialog Sprechtraining A1-A2-B1-B2" von Klett, mit dem *Groblernziel* des

Kennenlernens einer *sachlich korrekten Vorgehensweise/sinnvollen Reihenfolge in einem Reklamationsfall mit Hilfe des Digital-Mediums „Learning Apps"* [16]. Das enthaltene *Teillernziel* soll *das 'Signalisieren von Verständnis'* auf *Verkäuferseite* sein.

In der *Einstiegsphase* soll bereits mit Hilfe von »Learning Apps/Funktion 'Pinnwand'« d.h. per Wortschatz-Sammlung zunächst das Vorwissen bzw. der Wortschatz der Teilnehmer zum Thema Verständnis/Empathie aktiviert werden - mit entsprechend tatkräftigen 'Support' der Lehrkraft.[17] Ein erfolgreicher Verlauf der Kompetenzvermittlung in dieser Phase wäre sehr wünschenswert und ist auch realistischerweise ebenso prognostizierbar.

In der folgenden *Erarbeitungsphase* stellt die Lehrkraft für die Teilnehmer einen Link per »Learning Apps/Funktion 'Einfache Reihenfolge'« zur Verfügung, damit sie einzeln und interaktiv vorgegebene Kommunikations-Redemittel von Verkäuferin und Kundin für eine berechtigte Reklamation bzgl. eines defekten/gefährlichen Wasserkochers per Padlet in eine situativ gebotene richtige Reihenfolge bringen.[18] Auf schwieriges Vokabular in den Redemitteln sollte schon vor Spielbeginn im Plenum eingegangen werden. Die Situation wird zusammen mit den Redemitteln auch bildlich präsentiert, so dass die Teilnehmer einen leichteren emotionalen Zugang zur Ausgangssituation finden können. Die Teilnehmer sollen also nach überwiegend alleinigem Absolvieren des Frage-Antwort-Spiels stimuliert sein, in der Sicherungs-/Semantisierungsphase wichtigen Wortschatz/Redemittel für die *Schlüsselkompetenz des/der Verkäuferln „Verständnis zeigen"* zu verwenden und diesen Wortschatz/Redemittel in der Situation „Adäquater Umgang mit Kundenbeschwerden" zu benennen und von Negativbeispielen zu unterscheiden. Das erwünschte Ergebnis soll in einem realitätsnahen Rollenspiel nachgewiesen werden: Darüber hinaus sollen die Teilnehmer durch Gruppenarbeit ihre erarbeitete Kompetenz *„Feingefühl" d.h. die Fähigkeit, auf die Gefühle anderer Personen rücksichtsvoll eingehen zu können,* trainieren. Die Aufgabe besteht in der Sprachaufnahme des Teilnehmer-Dialogs (Kundin + Verkäuferin) auf ihrem persönlichen Handy mit Hilfe einer Sprachaufnahme-App, wobei auch hier ist der interaktive Dialog per »Learning Apps/Funktion 'Einfache Reihenfolge'« für die Teilnehmer relativ simpel aufrufbar ist, um eine unerwünschte digitale Überforderung in jedem Falle zu vermeiden. Ebenso soll die individuelle Überforderung der Beteiligten durch die Gruppenarbeit vermieden werden, da der „Köhler-Effekt" schwächere Gruppenmitglieder in der gemeinsamen Zusammenarbeit zielorientiert und gleichwertig miteinbindet und sie zur Leistungsverbesserung motiviert. Das Rollenspiel ist die perfekte

---

[17] https:// .klett-sprachen.de/treffpunkt-dialog/t-0/9783126071253 LW „Treffpunkt Dialog Sprechtraining A1•A2•B1•B2", Klett, S. 92/93. (abgerufen am 13.05.2022).
[18] https://learningapps.org/display?v=pz67uot2v22 'Pinnwand'. (abgerufen am 31.05.2022). 'Einfache Reihenfolge'. (abgerufen am 31.05.2022).

Übungsform zum Festigen von bekannten und der Einführung von neuen Redemitteln. Natürlich können Teilnehmer/Lehrkraft gerne selbst einen 'analogen' Wasserkocher für diese Unterrichtseinheit mitbringen. Die Besprechung der erzielten Gruppen-Ergebnisse erfolgt wiederum im Plenum.

In der Anwendungs- und Präsentationsphase sollen die Teilnehmer dann bereits erarbeitete und neue Redemittel selbstständig und adäquat im Rollenspiel-Dialog in jeweils Vierergruppen anwenden. Es soll auch geübt werden, wie man als Kunde Hemmungen bzw. Ängste in einem Reklamationsfall mit Hilfe angemessener Kommunikation überwinden kann Hier werden die Dialoge von Verkäuferin und Kundin ergänzend auf digitalen Rollenkarten präsentiert, die den Teilnehmern Sicherheit im Dialog vermitteln sollen. An dieser Stelle werden nun auch Beobachter mit vorbereiteten Beobachtungsbögen eingesetzt, welche die Lehrkraft vorab versendet hat. Die Beobachter notieren neutral positive wie negative Gesprächsaspekte. Beschriebene Situationskonstellation erklärt die Lehrkraft bereits vor Beginn der eigentlichen Gruppenarbeit im Plenum welche sich vollzieht in „Breakout-Sessions" im geschützten Raum vollzieht, in welche sich die Lehrkraft jederzeit einschalten kann, um die Gruppenarbeit zu beobachten und ggf. unterstützend einzuwirken. Der persönliche Begleitprozess der Lehrkraft kann für alle Teilnehmer sehr instruktiv und wertvoll sein! Nach Beendigung der Gruppenarbeit werden ihre Ergebnisse wiederum im Plenum präsentiert, um den Teilnehmern ein konstruktives Feedback zur Reflektion des eigenen Verhaltens zu geben. Die Lehrkraft fasst am Ende das Unterrichtsresultat zusammen und kann noch als gemeinsamen förmlichen Abschluss ein kurzes 'Blitzlicht' in der Klasse durchführen. Sie könnte alternativ hierzu als Hausaufgabe eine kurze schriftliche Reflexion der Stunde anregen.

Bei der Erstellung der digitalen Unterrichtsfeinplanung insgesamt musste ich mich doch selbst noch tiefer in die theoretisch-digitale Unterrichtswelt einarbeiten, was ich relativ gut bewältigen konnte, wobei ich allerdings nun auch bald gerne ein paar wichtige Digital-Elemente in den Präsenzunterricht einbauen wollen würde, wie z.B. ausgesuchte Rollenspiele zur Kommunikationsförderung. Als besonders herausfordernd empfand ich den größeren Zeitaufwand in der Unterrichtsvorbereitung, da man für alle digital-elektronischen Eventualitäten und Notfälle gerüstet sein und gleichzeitig Alternativen vorbereitet haben sollte – insbesondere bei mangelnder digitaler Kompetenz der Teilnehmer und/oder technischer Digitaldefizite im Unterrichtsraum/-gebäude. *Flexibilität der Lehrkraft* ist hierbei einfach unerlässlich!

Meine derzeitigen Teilnehmer würden wohl auch Schwierigkeiten mit einer digitalen Unterrichtsform haben, da sie völlig ungeübt sind. Sie wollen einfach 'nur' mühelos die B1-Prüfung am liebsten schon morgen bestehen, aber ohne eigenes Engagement!

Zusammenfassend könnte ich dann erst nach praktischer Durchführung der Unterrichtseinheit intensiver reflektieren und ggf. sinnvolle Änderungen vornehmen.

Im anfänglichen Fragebogen zur Erwartungshaltung bzgl. Modul 6 „Digitale Kompetenz im Rahmen der ZQ" habe ich in meiner Antwort die digitale Kompetenzerweiterung als ein „Must-Have" deklariert – dabei ist es geblieben, denn man muss als DaZ-Lehrkraft auf der Höhe der Zeit agieren können! **Ja, die Zusatzqualifikation ist dahingehend ein wichtiger Gewinn für die Erweiterung meiner digitalen Lehrkompetenz.**

<u>Aufgabe zu Modul 7</u>

Aufgaben, Rollen und professionelles Handeln der Lehrkräfte in Berufssprachkursen: Hospitation in einem BSK-Unterrichtsblock

Kursort: BSI gGmbH Schweinfurt, Berufssprachkurs B1-07-SW;

Lehrkraft: *Frau M. S. (in Vertretung für Herrn K. R.)*

Teilnehmerlnnen: 9   4 Frauen (35, 37, 42, 52 Jahre)

                          5 Männer (31, 44, 48, 54, 55 Jahre)

Sprachniveau: Beginn A 2.2 (1.+2. UE), durchschnittliche Heterogenität

Unterrichtszeit: 13:15 – 17:30 Uhr; Hospitationszeit: 15:45 – 17:15 Uhr am 04.05.2022

Unterrichtsort: Raum 7, BSI-Hauptgebäude, Karl-Götz-Str. 26, 97424 Schweinfurt

Unterrichtsmedien: CD-Player, Tafel

Unterrichtsmaterial: Lehrwerk:

„telc-Einfach gut! Deutsch für die Integration A2.2 Kurs- und Arbeitsbuch (BAMF zertifiziert)

Arbeitsblatt: Schritte PLUS NEU A2 Spielesammlung S. 153

LW: Lektion 7 "Ein Einkaufsbummel": Kursbuch ab S. 8 / Arbeitsbuch ab S. 61:

Lernziele/-prozesse:

Inhalt: gezielte Fragen und Antworten (Hörverstehen; Einzel-, Partner-, Gruppenarbeit):

            Informationen zu Produkten erfragen; Kleidung und Personen beschreiben;

            Gefallen und Missfallen ausdrücken; Speisen und Getränke bestellen

Grammatik :- Bestimmter Artikel betont (Nominativ, Akkusativ) im Lückentext;

              - Adjektivdeklination bestimmter/unbestimmter Artikel im Nominativ/Akkusativ

              (Lückentext, Satzergänzung)

Unterrichtsablauf: Präsenzunterricht mit 5 Unterrichtseinheiten und 2 Pausen á 15 Minuten

Analytische Darstellung der Abläufe mit Fokussierungen:

Zunächst erfolgte eine *Hörverstehensübung aus dem Lehrwerk, wobei Demonstrativpronomen ergänzt* werden mussten, der Hördialog erfolgte zur Kontrolle. Danach wurde Kombination „ein Paar – ein paar" geübt, was bereits eingeführt war. Anschließend erfolgte eine *Grammatikübung mit bestimmten Artikeln im Nominativ und Akkusativ, sowie vorangestellt zur Betonung.* Als nächstes folgte eine *freie Übung in Form von einfacher Frage und Antwort* mit Subjekt, Prädikat und Adjektiven sowie Gegensatzkombinationen von Adjektiven *als Aussage.* Danach diverse *Satzstrukturen mit vorangestelltem Adjektiv im Singular und Plural* als *einfache Aussage* z.B. „Das rote Buch gehört mir". „Das neue Handy kostet 500,-- €". „Die alte Tasche ist praktisch". „Der blaue Stift gefällt mir gut". „Die bequemen Schuhe sind im Schrank".

Nun wurde der *Akkusativ eingeführt*: „Bisher haben wir die Sätze im *Nominativ beantwortet*: z.b. „Der blaue Stift gefällt mir".

Jetzt erfolgt die *Aussage mit Akkusativ:* z.b."Ich kaufe das rote Buch". „Ich kaufe den blauen Stift". „Ich brauche den blauen Stift".

Die Lehrkraft weist auf den Bucheintrag mit Ausnahmen für Singular-Akkusativformen hin. Es folgt eine weitere Übung mit notwendiger Anpassung der Adjektive an Bezugsnomen, z.B. „das kleine Kind"; „die alte Frau"; „die fleißigen Schüler"… .

Und es folgen auch Fragesätze: „Gefällt dir das gestreifte/einfarbige Hemd?" / Gefällt dir die wunderschöne Uhr dort?"

Im Anschluss daran ruft die Lehrkraft nun einzelne Teilnehmer auf und übt die Satzstrukturen mündlich ein. Sie korrigiert deren Fehler durch korrekte Wiederholung dann mündlich per 'Corrective Feedback' und versichert sich, ob es hierzu Fragen gibt.

Damit sind die wichtigsten Unterrichtsphasen (Einstieg, Erarbeitung, Sicherung, Anwendung) bereits realisiert.

Nun wird als Abschluss und Transfer das Arbeitsblatt „Gesprächsanlässe: **Einkaufen im Geschäft oder im Internet**" von den Anwesenden in Gruppenarbeit bearbeitet, was hörbar eine rege Sprechaktivität unter den Personen auslöst, die nach ca. 10 Min beendet ist.

Am Ende erhält die Klasse ihre Hausausaufgaben zugeteilt und die Lehrkraft verabschiedet sich und wünscht den Teilnehmern noch einen schönen Abend.

Hospitationsschwerpunkte:

1. **Unterrichtskommunikation/-interaktion**

Die sympathisch wirkende Lehrkraft agiert auf sehr lernerfreundliche Weise: Sie gibt einfach formulierte, klar strukturierte Arbeitsaufträge an die Teilnehmer; sie erklärt kurz den Aufgabeninhalt und antwortet freundlich auf (wenige) Nachfragen; sie versichert sich höflich, ob sie die Aufgabe gut verstanden haben; sie geht bei Partner- und Gruppenaktivitäten durch die Reihen und hört ins aktive Geschehen sehr präsent hinein bzw. gibt gerne konstruktives Feedback, wobei sie mit ihrer Art unaufgeregt und spielend zu einer offenen Unterrichtsatmosphäre beiträgt. Anregende Diskussionen im Plenum ergeben sich in dieser Unterrichtssequenz themenabhängig selten. Die Anwesenden sind merklich noch ungeübt im freien Sprechen und versuchen dies wo immer es möglich ist zu vermeiden!

Mit den simplen Frage- und Antwortaufgaben wird die Teilnehmerpartizipation aufgabengerecht gefördert.! Interessant ist allerdings auch die Vorgehensweise der Lehrkraft bei der

Gruppeneinteilung: Sie kombiniert europäische Städte und Länder und teilt mit Hilfe eines Spiels die Gruppen ein.

Auch hinterlässt die Lehrkraft insgesamt mit ihrem nonverbalen Handeln im Klassenraum einen souveränen Eindruck und animiert die Anwesenden ruhig und gelassen zu vergleichsweise großem aktiven Unterrichtsengagement. Dies übt durchaus eine beruhigende Wirkung auf die Personen aus. Die Unterrichtsführung der Lehrkraft passt sich jedenfalls ihren Teilnehmern sehr gut an.

2. Motivation und sozio-affektive Wirkung:

Hinsichtlich der symetrischen Unterrichtsgestaltung ist festzustellen, dass an dieser während des ganzen Unterrichtsgeschehens von den Schülern rege teilgenommen wird d.h. der verbale Input des Lehrers spiegelt sich identisch im verbalen Output jedes Schülers wider, wobei sie hauptsächlich mit den grammatikalischen Aufgabenstellungen an ihre bereits bestehenden Lernstandsressourcen anknüpfen.[19]

Mit den Frage- und Antwortaufgaben bzw. verschiedenartigen Gesprächsanlässen zum lebensnahen Thema "Einkaufen im Geschäft oder im Internet" werden die sozio-affektiven Potenziale der Personen gut aktiviert und auch verbessert. So ist jeder am Unterrichtsgeschehen und -fortschritt ausnahmslos vollständig und angeregt beteiligt und darf sich im Kursverband über den erreichten persönlichen und gemeinschaftlichen Lernerfolg zufrieden sein.

Konstruktiv und praktisch erfolgt die notwendige Aktivierung, Einbindung und Beteiligung der Teilnehmer: hauptsächlich in Form der bereits erwähnten dominanten Partner- und Gruppenarbeit mit der Schaffung von Sprechanlässen durch abwechslungsreiche W-Fragen und den entsprechenden Antworten zum Thema "Einkaufen" per angeregtem Austausch, in einer sachlichen, trotzdem angenehmen Atmosphäre, d.h. insgesamt in einem stimulierenden positiven Lernklima erfragt. Die an sich sprechscheuen TN werden durch die Partner- und Gruppenarbeit elegant animiert, smallzutalken und mit Hilfe dieser direkten verbalen Kommunikation selbstwirksam den Unterrichtsfortschritt zu beschleunigen.

Das direkt-lebensweltliche Unterrichtsthema "Einkaufen" fördert also insgesamt mit Hilfe von authentischen Unterrichtssituationen bzw. realitätskonformen Sprechanlässen gleichermaßen die Unterrichtskommunikation wie Interaktion auf leichte Weise.

---

[19] https://www.researchgate.net/profile/Klaus-Boerge-Boeckmann/publication/323756267Eigen-und_Fremdkultur_in_der_Fremdsprachenausbildung_Interaktion_im_Unterricht/links/5aa93efda6fdccd3b9b958c7/Eigen-und-Fremdkultur-in-der-Fremdsprachenausbildung-Interaktion-im-Unterricht.pdf?origin=publication_detail
Klaus-Börge Boeckmann: „Eigen- und Fremdkultur in der Fremdsprachenausbildung: Interaktion im Unterricht" in Asien (Band 2) 1997, S.111-115. (abgerufen am 28.05.2022).

So ergeben sich unmittelbar substantielle Anschlusspotentiale und vielerlei Anwendungsbezüge gerade auf dem Arbeitsmarkt, die es nun intelligent zu nutzen gilt. Die im *Unterricht gewonnene verstärkte Sprechbereitschaft der Personen kann somit als essentieller Beitrag zur Integration in das zukünftige berufliche Umfeld gewertet* werden, der nun zielführend von allen arbeitsmarktrelevanten Akteuren eingesetzt werden muss.

Auf dieser erreichten Kommunikationsebene kann ich nun ab sofort und zukünftig als Lehrkraft das *handlungsorientierte Unterrichtsgeschehen besser steuern und fördern*. Die kollegiale Hospitation war dafür der Wegbereiter. Außerdem werde ich bestimmt weniger Tafelanschriften machen und auch eine ähnliche Art der Gruppeneinteilung wählen.

In einem passenden Augenblick werde ich meiner Kollegin meine Eindrücke schildern. Ich werde sie auch fragen, warum sie relativ wenig Tafelanschrift praktiziert hat. Weiter werde ich mit ihr besprechen, welche Grammatik- und Hörverstehensübungen sie als besonders wichtig erachtet und warum sie relativ viele Übungen im Lehrwerk auslässt.

Desweiteren werde ich ihr meine Anerkennung aussprechen, da sie doch sehr souverän und professionell agiert. Ich werde mich sicherlich an einigen ihrer handlungs- und sprechorientierten Unterrichtselemente orientieren, aber auch meine eigene teilnehmerorientierte Lehre verfeinern und weiterentwickeln in Richtung verstärkter Praxis für die Berufsorientierung wie Berufschancenverbesserung der Teilnehmenden.

Interkulturalität und Integration in den Arbeitsmarkt

Da in der *Bundesrepublik Deutschland* seit geraumer Zeit der **„Teamgedanke"** *gesellschaftlich* (vgl. Bezeichnung der Deutschen Fußballnationalmannschaft als *„Das Team") einen hohen Stellenwert* eingenommen hat und zwischenzeitlich auch *eine wichtige Rolle im alltäglichen Berufsleben* spielt („gesucht: *„Teamplayer"* vgl. *Stellenanzeigen")*, habe ich dieses Thema mit seinen interessanten und vielschichtigen Aspekten zur Analyse im Rahmen von „Interkulturalität und Integration in den Arbeitsmarkt" gewählt. Ich vermute, dass der Aspekt der „Teamarbeit" in einigen Herkunftsländern unserer Zielgruppe aufgrund von politischen Ereignissen, z.B. Krieg, nicht besonders gut ausgeprägt ist und deshalb hier in einem Berufssprachkurs zuerst einzuführen ist, um langfristig die Chancen der Teilnehmer auf dem deutschen Arbeitsmarkt zu verbessern. Hierzu habe ich die *Lehrwerke* **von Linie 1 Beruf B2: Kurs- und Übungsbuch mit Audios und Videos, Klett Sprachen Stuttgart, S. 47-60** [20] und **Fokus Deutsch Allgemeine Ausgabe · B1+ Erfolgreich in Alltag und Beruf: Brückenkurs Kurs- und Übungsbuch, Cornelsen, S. 44-59** [21] gewählt, da das **Thema „Teamarbeit"** hierbei verschiedenartig abgehandelt wird.

Am Beginn der vergleichenden Lehrwerksanalyse erfolgt zunächst eine Kurzbeschreibung der Begrifflichkeit und Bedeutung *von* **„Team" nach Claassen** im allgemeinen, der „**die Relevanz des Faktors 'Teamarbeit' für die Volkswirtschaft Deutschlands**" untersucht hat:[22]
„Das Team" steht nach Claassen *„für den Zusammenschluss mehrerer Personen, die sich zusammengefunden haben, um eine Aufgabe gemeinsam zu lösen, beziehungsweise ein bestimmtes Ziel zu erreichen. Teams gibt es fast überall, wo mehrere Menschen aufeinander treffen, wie beispielsweise beim Sport, wo sich mehrere Spieler zusammentun, um gegen andere Teams zu gewinnen oder auf der Arbeit, wo ein Kollegium versucht ein vorgegebenes Betriebsziel zu erreichen* (Wikipedia Enzyklopädie, 2008a). Darüber hinaus versteht man lt. Claassen unter *„Teamarbeit bzw. der Arbeit im Team, dass Teammitglieder eine gemeinsame Aufgabe übernehmen, die Arbeitsabläufe selbst kontrollieren und gemeinsam für das Resultat verantwortlich sind. Teamarbeit findet in der Regel über einen längeren Zeitraum statt. Der Grad der Selbständigkeit eines einzelnen Mitglieds kann dabei unterschiedlich* sein.

---

[20] https://www.derdiedaf.com/lehrwerk/linie-1-beruf/583 Susan Kaufmann, Ulrike Moritz, Margret Rodi, Lutz Rohrmann, Anja Schümann, Hildegard Meister - Linie 1 Beruf B2: Kurs- und Übungsbuch mit Audios und Videos | Klett Sprachen Stuttgart 2022, S. 47-60. (abgerufen am 10.06.2022).

[21] https://www.cornelsen.de/produkte/fokus-deutsch-erfolgreich-in-alltag-und-beruf-brueckenkurs-kurs- und-uebungsbuch-b1-9783061224554 Maenner, Schote, Weimann - Fokus Deutsch Allgemeine Ausgabe B1+ Erfolgreich in Alltag und Beruf: Brückenkurs (B1+) Kurs- und Übungsbuch, Cornelsen 2021, S.51. (abgerufen am 26.06.2022).

[22] https://www.grin.com/document/117817 Claassen Nils: Beschreibung der Relevanz des Faktors ‚Teamarbeit' für die Volkswirtschaft Deutschlands, München, GRIN Verlag 2008, Leseprobe S. 1. (abgerufen am 11.06.2022).

Teamarbeit zeichnet sich aber dadurch aus, dass die *Mitglieder partnerschaftlich miteinander umgehen, gleichberechtigt sind und einen eigenen Teamgeist sowie ein Zusammengehörigkeitsgefühl entwickeln* (Rundnagel, 2008)."

Bei „Teamarbeit" kann die Gruppe **nach Claassen also insgesamt** „auf die **ganz persönlichen Fähigkeiten und die verschiedenen Persönlichkeitstypen der Teammitglieder bauen.** Jedes Mitglied kann und wird sich unterschiedlich in die Arbeit mit einbringen. Es *übernimmt eine eigene Rolle im Team... .*" [23]

Auch die **Abfrage „Reflexion Inter- / Transkulturelle Werte in Beruf und Privatem Umfeld" der Universität Marburg** mit den Spezifikationen der Begrifflichkeiten von „Interkultureller Kompetenz", „Interkultureller Handlungskompetenz", „Kulturellen Konzepten der Alltagsbewältigung", „Kulturellen Irritationen", „Interkultureller Sensibilität in Berufsorientierung- und –ausbildung" gibt zur *Themeneinführung bzw. zum umfassenderen Bedeutungsverständnis des „Teamgedankens"* in der deutschen globalisierten Berufswelt eine **wertvolle Erstorienterung.** [24]

Zunächst werde ich dies anhand von LW „Linie 1 Beruf B2: Kurs- und Übungsbuch mit Audios und Videos | Klett Sprachen Stuttgart 2022, Seite 47-60 durchführen: [25]

Bei der *Inhaltsangabe* auf Seite 3 lautet der Titel *„Arbeit im Team" :*

- Als *Lernziele* sind deklariert:
  „Sprechen" d.h. sich Kunden oder einem *neuen Team vorstellen*; über eine neue Stelle sprechen, ein *Teamgespräch führen*; über die *eigene Teamrolle sprechen*.
  „Hören" *Teamgespräche*. **„Lesen"** Artikel zum Thema *„Neu im Team"*; einen Text zum Thema *„Meine Teamrolle"*. **„Schreiben"** E-Mail (Vorstellung); Protokoll.
- Als *Redemittel* werden vorgestellt:
  „Zu meiner Person: … ." „Ich freue mich sehr darauf, Sie kennenzulernen und … ." „Kann ich etwas vorschlagen?" „Das halte ich für eine gute Idee." „Ist das nicht ungünstig, wenn …?" „Wir könnten das auch anders lösen. Meine Stärke ist, dass ich gut vermitteln kann."
- Als relevantes **Grammatikthema** erscheint: *-Passiv Präteritum-*
  und es folgen
- weitere **Übungen** zu den *Schwerpunkten* des Kapitels.

---

[23] https://www.grin.com/document/117817 Claassen Nils: Beschreibung der Relevanz des Faktors ‚Teamarbeit' für die Volkswirtschaft Deutschlands, München, GRIN Verlag 2008, Leseprobe S. 1. (abgerufen am 11.06.2022).
[24] https://ilias.unimarburg.de/ilias.php?ref_id=2786065&cmd=frameset&cmdClass
[25] https://www.derdiedaf.com/lehrwerk/linie-1-beruf/583 Susan Kaufmann, Ulrike Moritz, Margret Rodi, Lutz Rohrmann, Anja Schümann, Hildegard Meister - Linie 1 Beruf B2: Kurs- und Übungsbuch mit Audios und Videos | Klett Sprachen Stuttgart 2022, S. 47-60. (abgerufen am 10.06.2022).

Aus Seite 47 werden zum Einstieg vier Bilder aus dem Berufsleben mit unterschiedlichen Branchen und dem Sport – in Form von Teamszenen dargestellt mit der Fragestellung „Wer?" „Was?" „Wie?" „Warum?" Dann folgt eine Hörverstehens-Übung in Gesprächsform ebenfalls mit zwei konkreten Fragestellungen zum Text bzgl. *persönlicher Erfahrungen mit Teamarbeit* sowie per*sönlicher Meinung darüber.* Schließlich noch die Frage nach persönlichen Präferenzen, wann *Einzel-, wann Teamarbeit* realisiert wird.

Die **Gesamtschau** der o.a. besprochenen Punkte wird am Seitenende nochmals - grün hinterlegt – *übersichtlich zusammengefasst.*

Auf der nächsten Seite folgt eine Textverständnis-Übung mit spezifischer Vokabelabfrage und einer Ersetzungsübung für synonyme Bedeutungen. Schließlich soll man mit den Synonymbedeutungen eigene Sätze und Tipps formulieren.

Auf Seite 49 sollen zunächst die **Passivformen** markiert werden.

Folgend Seite 49 Nr. 2 f sollen dann konkret zur *Passivbildung* die Formen von *'werden'* mit *Einsatz der passenden Partizipform* geübt werden und dem Hinweis, dass mit 'von + Dativ' die Person, die etwas tut, benannt wird. Anschließend folgt eine weitere Übung zum *Passiv* unter dem Titel „Sofias erster Arbeitstag". Danach wird eine E-Mail präsentiert, in der sich die Hauptperson Sofia den KundInnen und LieferantInnen freundlich vorstellt. Auch die TN werden zur Erstellung einer solchen E-Mail unter Angabe von persönlichen Daten, bisheriger Ausbildung und neuen Aufgaben in der Firma aufgefordert. Alternativ können sie auch schriftliche Ratschläge für einen neuen Arbeitsbeginn erteilen.

Auf der folgenden Seite 50 folgt der wichtige und allgemeinrelevante Punkt der **„Protokollerstellung"**. Zuerst per Hörverstehens-Übung mit Reihenfolge und Zuordnung, danach Leseverstehen mit Satzbausteinen. Weiterhin folgt auf Seite 51 die Thematik des **Führen eines „Teamgesprächs"** mit Hörverstehen und Zuordnung; sodann werden adäquate Redemittel zur Verfügung gestellt, um **genaue Ergebnisse des Teamgesprächs** fixieren zu können. Nun werden **zwei Situationen für ein Teamgespräch mit der Schlussaufforderung zur gemeinsamen Protokollerstellung** angeboten.

Abschließend schließt sich auf Seite 52 die Frage nach der **Teamrolle der eigenen Person** an, mit Einzelarbeit („Wann **funktionieren Teams besonders gut?**") und Gruppenarbeit (Rollenbeschreibung anderer in der Gruppe) mit Hilfe des interessanten Textes „Das Ganze ist mehr als die Summe seiner Teile – Was **erfolgreiche Teams** ausmacht." Hier werden vier Personentypen besprochen (Die Macher, die Konservativen, die Analytiker, die Visionäre), die auf Seite 53 mit den passenden Adjektiven zu verküpfen sind. Anschließend sind Beispiele einer **festen Teamrolle** zuzuordnen, welche zu diskutieren sind. Ebenso werden alternative Jobszenarien aufgezeigt, d.h. globale Stellenangebote für die Teilnehmer mit einer geforderten Reaktion. Und zu guter letzt wird im Kursbuchteil situativ ein Teambuilding konzipiert für unterschiedliche Situationen (Dienstplan, Restaurant, Lerngruppe, Besuch mit Kindern …) mit begleitenden Fragen/Ideen nach gemeinsamen Ziel/zur Verfügung stehender Zeit/Beitragsaktivitäten der Teilnehmer.

Im *direkt angeschlossenen Übungsteil* von Seite 54 – 59 werden alle Übungen aus dem KB-Teil *nochmals gespiegelt und intensiviert* sowie mit *passenden Fotos optisch bestens ergänzt.* Besonders die auf Seite 59 präsentierten vier E-Mails symbolisieren deren außergewöhnliche Relevanz im Arbeitsleben.

Und auch die Gestaltung der zusammenfassenden Übersicht von Kapitel 3 auf Seite 60 mit dem Titel *„Mein Deutsch nach Kapitel 3"* ist notwendig und **überaus wichtig für die TN, denn sie können** nun definitiv: über Teamarbeit sprechen, Tipps zum Thema „Neu im Team" geben, sich schriftlich bei KollegInnen oder KundInnen vorstellen, ein Protokoll schreiben, ein ordentliches Teamgespräch führen und dabei vorzugsweise das Passiv Präteritum verwenden.
Praktisch dabei sind auch jeweils die detaillierten Seitenverweise auf die fachlichen Sonderabhandlungen im letzten Buchteil.

Nun werde ich die vergleichbare Analyse mit dem Lehrwerk „Fokus Deutsch Allgemeine Ausgabe B1+ Erfolgreich in Alltag und Beruf: Brückenkurs (B1+) Kurs- und Übungsbuch, Cornelsen, Seite 44-59, darstellen: [26]

Hier wrd im *Inhaltsverzeichnis* der **allgemeine Begriff *„Team"*** unter Schwerpunkt 3
„Ein neuer Arbeitsplatz":
lediglich als *Thema unter Punkt C **„Eine Teambesprechung"*** neben 3 weiteren Stichpunkten: A „Der erste Arbeitstag", B „Sich in der Freizeit weiterbilden", D „Ein neuer Kollege kommt", erwähnt.
Desweiteren tabellarisch unter **Sprachhandlung** *„sich in einer Teambesprechung äußern",* unter **Textsorte** *„Teambesprechung"* und unter **Grammatikthemen** *„Verben mit festen Präpositionen", „Fragen bei Verben mit Präposition und Wechselpräpositionen (Wdh.)"* diversifiziert.

Die **Kapiteldarstellung *„Ein neuer Arbeitsplatz"* im Kursbuchteil** beginnt ab Seite 44 mit einer Übersichtsskizze der räumlichen Firmenstruktur und dem Stichpunkt A „Der erste Arbeitstag". Zunächst werden die *Redemittel zur örtlichen Orientierung* in der neuen Firma

---

[26] https://www.cornelsen.de/produkte/fokus-deutsch-erfolgreich-in-alltag-und-beruf-brueckenkurs-kurs- und-uebungsbuch-b1-9783061224554 Maenner, Schote, Weimann - Fokus Deutsch Allgemeine Ausgabe B1+ Erfolgreich in Alltag und Beruf: Brückenkurs (B1+) Kurs- und Übungsbuch, Cornelsen 2021, S.44-59. (abgerufen am 26.06.2022).

präsentiert wie, z.B. „Wo finde ich bitte ...?" ; „Entschuldigen Sie, wo ist ...?" mit den jeweiligen Antworten. Danach werden die *unterschiedlichen Abteilungen einer Firma* gesammelt. Die Seite 45 beginnt mit einer Hörverstehens-Übung d.h. *Fotos mit Personen in Firmen-Teams müssen dem Gesprächsinhalt zugeordnet und danach die relevanten* Aussagen als richtig und falsch erkannt werden. Ergänzend folgt Hörverstehens-Übung bzgl. einer Checkliste für den ersten Arbeitstag von neuen Mitarbeitenden. Anschließend folgt eine *Sprechübung mit persönlichen Erfahrungsaustausch der TN zu Erlebnissen an ersten Arbeitstagen* und *Vorschlägen* in Form von Textbausteinen.

Auf der nachfolgenden Doppelseite 46/47 geht es unter der Überschrift *„Sich in der Freizeit weiterbilden" um das Thema 'Fortbildung' und grammatikalisch um 'Verben mit festen Präpositionen' und folgendem Akkusativ oder Dativ.* Auch eine passende Lernstrategie wie ein *kurzes Memo werden zur effektiveren Memorisierung der korrekten Präpositionalformate* angeboten. Sodann folgt auf *Seite 48 unter der Überschrift C der Titel „Eine Teambesprechung"* mit dem ersten Abschnittspunkt „Das Ergebnisprotokoll", in dem ein Text zu lesen und Fragen zu beantworten sind. Form und Inhalt eines Ergebnisprotokolls werden detailliert erläutert und anschließend wird der Verstehensgrad mit Hilfe von fünf Fragen sichergestellt. Danach folgt Hörverstehensübung zu einer Teambesprechung in der Finanzbuchhaltung mit dem Feststellen der Informationen zu bestimmten Kontextfragen im direkten Vergleich mit den Antworten der Partner-Teilnehmer. In der nächsten Hörverstehens-Übung sollen die Lücken des Ergebnisprotokolls ausgefült werden. Auf Seite 49 folgt letzte Hörverstehens-Übung zur bekannten Teambesprechung mit Abfrage der verwendeten Redemittel, die markiert werden sollen, mit den Themen „einen Vorschlag machen"„Zustimmung äußern", „Ablehnung/Zweifel äußern".

Nun werden im Anschluss „Regeln für höfliche Fragen, Bitten und Aufforderungen" formuliert. So sollen hierfür der Konjunktiv II Präsens sowie das Wort „bitte" eingesetzt werden! Gleichermaßen folgt eine Zuordnungsaufgabe von Adjektiven wie „höflich, freundlich, sehr höflich" zu passenden vorformulierten Sätzen in Aussage- und Frageform unter der Prämisse der bereits vorgegebenen Regel insbesondere

freundlichere Fragen mit Modalverben: „Können Sie mir bitte helfen?", Fragen mit Konjunktiv II, die noch freundlicher/höflicher wirken: „Würden Sie mir (bitte) helfen?" „Könnten Sie mir (bitte) helfen?" „Dürfte ich Sie bitten, ..." und

Verwendung von Wörtern mit „vielleicht oder mal": hier wirken Bitten, Fragen und Aufforderungen dann noch höflicher: „Könnten Sie mir bitte mal helfen?", wobei es stets auch auf die Betonung ankommt.

Danach wird weiter auf Seite 49 eine Paaraufgabe präsentiert, in der höflich zu fragen und zu anworten ist Es geht um die vorgegebenen Büroaufgaben wie „den Bericht drucken"; „die

Rechnungen heute noch bezahlen"; „das neue Programm installieren" etc. Dazu werden vorge-gebene Frage- und Antwortausschnitte angeboten, die dann passend in einen sinnvollen Zusammenhang Frage/Antwort wie z.b. „Könnten Sie (vielleicht) ..."/„Das schaffe ich (heute) nicht." gebracht werden müssen.

Weiterhin folgt am Ende dieser Seite 49 die letzte Aufgabe mit der Frage, ob die Teilnehmer bereits an Teambesprechungen oder Meetings teilgenommen und welche Erfahrungen sie dabei gemacht haben, was im Kurs untereinander besprochen werden soll. Auch hier werden Fragen wie z.b. „Wie lange haben Teambesprechungen gedauert?", „Hat es eine Tagesordnung gegeben?" gestellt und ebenso entsprechende Antworten z.b. „Bei uns saßen wir zu sechst im Büro vom Chef", vorgegeben. Auf Seite 50 folgt der Schwerpunkt „Ein neuer Kollege kommt" und auf Seite 51 werden unter der Rubrik **„Kurz und bündig" (mit Glühlampensymbol)** unter dem Stichpunkt **„Kommunikation" Orientierungshilfen bzw. Wegerkundung** „Wo finde ich bitte die Abteilung/...?" „Die Abteilung befindet sich im Erdeschoß ... ." benannt. Außerdem werden explizit **Äußerungen in einer Teambesprechung** aufgeführt zum Punkt *einen Vorschlag machen* wie „Ich schlage vor, dass ..." ; „Was halten Sie davon, wenn ...?"; „Wir sollten/könnten ..." etc. Es wird auch *Zustimmung geäußert* mit z.B. „Das ist eine (sehr) gute Idee." „Einverstanden"; „In Ordnung". Schließlich werden *Ablehnung und Zweifel* *geäußert* wie „Das geht (leider) nicht."; „Das schaffe ich/schaffen wir nicht." Und es werden *Höfliche Fragen, Bitten und Aufforderungen* formuliert mit „Könnten Sie (vielleicht/mal) ...?"; „Würden Sie bitte ...?".

Unter Stichpunkt **„Grammatik"** werden *Verben mit festen Präpositionen* + Akkusativ („sich freuen auf ...") / + Dativ („beginnen mit ..."), *entsprechende Fragewörter Sachen/Personen* („Woran? Worauf?/ Auf wen? Für wen? ...") sowie *Höfliche Fragen, Bitten und Aufforderungen* („Würden Sie ...?", „ Könnten Sie ...?") prägnant und übersichtlich dargestellt.

Der Übungsteil schließt sich ab Seite 52 an d.h.

„Eine Teambesprechung" wird auf den Seiten 56/57 geübt. Zunächst wird auf Seite 56 gefragt, welches Verb nicht zum Nomen passt – es soll gestrichen werden. Dann folgt eine Festigungsübung dergestalt, dass unter dem Schlagwort „Ein Ergebnisprotokoll richtig schreiben" ein passender Lückentext mit 10 Lücken präsentiert wird, bei dem aus drei Lösungsvorschlägen die korrekte Lösung anzukreuzen ist. Auf der folgenden Seite 57 folgt eine Übung zum „Nachfragen während einer Besprechung" durch einen Lückentext. Anschließend sollen in neuer Übungsform mit einer Tabelle „Vorschläge gemacht, zugestimmt oder widersprochen werden" mit adäquaten, vorgegebenen Redemitteln. Nun folgt eine Festigung der „Modalverben im Konjunktiv II", bei der die richtigen Formen der vorgegebenen Modalverben ergänzt werden müssen.

Abschließend kommt nun die Sicherung der korrekten Vorgehensform bei „Höflichen Bitten, Fragen und Aufforderungen" mit Verwendung von Konjunktiv II unter Einsatz von „bitte, vielleicht, mal bzw. höflich formulierten Aufforderungen". Auf Seite 59 sind dann nochmals „Wichtige Wörter" u.a. für „eine Teambesprechung" aufgeführt.

Ein **FAZIT** des bisherigen Lehrwerkvergleichs zwischen LINIE 1 BERUF B2 von KLETT und FOKUS DEUTSCH 'ERFOLGREICH IN ALLTAG UND BERUF' B1+ von CORNELSEN lässt sich am besten *konkret anhand der „Übersichtsseiten" Linie 1, Klett, S. 60* [25] bzw. *Fokus Deutsch, Cornelsen, S. 51* [27], ziehen,

Linie 1 Beruf, Klett, stellt die **Thematik „Team"** in einen Kontext, d.h. in Bezug zu einem neuen Arbeitsplatz, mit Hilfe von adäquaten und notwendigen Kommunikationsmitteln, Grammatik- und Übungsformen.
'Schlichte Sachlichkeit' äußert sich hier besonders in der übersichtlichen Darstellungsform mit den wichtigsten Lernbestandteilen zum Themenbereich auf Sprachniveau B2 in Form von hauptsächlich Gruppenarrbeit.
Fazit Klett, „Linie 1 Beruf B2": Insgesamt ist ein durchaus lernerfreundlicher und detaillierter Layout- und kontextualisierter Anwendungsmix von Klett zu erkennen – äquivalent zum anspruchsvollen Sprachniveau B2.

Fokus Deutsch, Cornelsen, fasst unter der **Gesamtüberschrift „Mein Deutsch nach Kapitel 3"** explizit auf der *linken Hälfte* die **Fixierung der erworbenen Kenntnisse** unter mehreren Schlüsselkompetenzen als *rot markiertes „Das kann ich"* zusammen wie „über Teamarbeit sprechen"; „Tipps zum Thema "Neu im Team" geben incl. Fotodarstellung"; „sich schriftlich den KollegInnen oder KundInnen vorstellen"; „ein Protokoll schreiben"; „ein Teamgespräch führen".

Auf der *rechten Hälfte* **erscheint dann die ausgewählte Sozialform:** Gruppenarbeit- oder Partnerarbeit mit konkreten Vorschlägen/Beispielen und Übungen von Redemitteln / E-Mail / *Protokoll (Datumsangabe, Dauer der Sitzung). Als Transferaufgabe wird die Planung einer gemeinsamen Vorbereitung auf einen Deutschtest als Vierergruppe gewünscht: Das Teamgespräch soll von den Gruppen-Teilnehmern gespielt werden mit den vorgegebenen Stichpunkten „Thema des Tests?" „Wie üben?" „ Wer kann was gut?" „Zeit?" „Ort?" mit Verweis auf passende Online-Übungen* sowie ganzseitig mit entsprechenden Seitenverweisen für den Übersichtsteil im Lehrwerk-Anhang.
Zusammenfassend wird **fett rot markiert** festgestellt: **„Das kenne ich":** *Passiv Präteritum mit Anhang-Seitenverweis!*

---

[27] https://www.derdiedaf.com/lehrwerk/linie-1-beruf/583 Susan Kaufmann, Ulrike Moritz, Margret Rodi, Lutz Rohrmann, Anja Schümann, Hildegard Meister - Linie 1 Beruf B2: Kurs- und Übungsbuch mit Audios und Videos | Klett Sprachen Stuttgart 2022, S. 60. (abgerufen am 26.06.2022).
[26] https://www.cornelsen.de/produkte/fokus-deutsch-erfolgreich-in-alltag-und-beruf-brueckenkurs-kurs-und-uebungsbuch-b1-9783061224554 Maenner, Schote, Weimann - Fokus Deutsch Allgemeine Ausgabe B1+ Erfolgreich in Alltag und Beruf: Brückenkurs (B1+) Kurs- und Übungsbuch, Cornelsen 2021, S. 51. (abgerufen am 26.06.2022).

Fazit Cornelsen, „Fokus Deutsch B1+ ": Auch hier ist die Layout- bzw. inhaltliche Vorgehensweise im zusammenfassenden Schlussabschnitt bestens strukturiert sowie lernerfreundlich und niveaugerecht für B1+ konzipiert!

Als *Gesamtfazit des Lehrwerkvergleichs zwischen Klett, „Linie 1 Beruf B2" und Cornelsen, „Fokus Deutsch B1+ "* ist erfreulicherweise festzustellen, dass beide Lehrwerke inhaltlich als vollkommen gleichwertig und qualitativ 'hervorragend' zu bewerten sind. Lediglich in der Layoutgestaltung sind deutliche Unterschiede erkennbar und diese fallen unter den Bereich des "persönlichen Geschmacks" beispielsweise für unterschiedliche Lernertypen (visuell, auditiv ...) !

Abschlussbericht

Konfuzius sagt: *"Der Weg ist das Ziel."* [26]

Der Weg der verpflichtenden Berufssprachkurs-Zusatzqualifikation hat mich als Teilnehmerin seit 28.04.2022 über 8 Module bis hin zum dokumentarischen Pflicht-Portfolio mit diesem Abschlussbericht geführt. Ich bin *selbst gespannt noch reflektierend zu entdecken*, ob er mich auch zu den in der Einstiegsreflexion genannten Hauptzielen v.a. „handlungsorientierte Unterrichtsführung und Förderung der Lernerautonomie" geleitet hat (vgl. Einstiegsreflexion S. 5). Ich werde diesen Weg nun bis zum heutigen Tage – knapp *vor dem "Zieleinlauf" d.h. vor der Abgabe des Portfolios* - kurzgefasst darstellen bzw. analytisch bewerten:

Nach Vorgabe der Berufssprachkurs-Konzeption für die Zusatzqualifikation von Lehrkräften *„soll ein erfolgreicher Abschluss der Zusatzqualifikation Berufssprachkurse Lehrkräfte dazu befähigen, im Rahmen der berufsbezogenen Deutschsprachförderung fachlich versiert zu unterrichten. Dies gilt für Basis- wie auch Spezialberufssprachkurse.* [29]

Fühle ich mich heute nach fast durchlaufener Zusatzqualifikation – besonders nach dem erstmaligen Absolvieren der Präsenzmodule im Online-Modus - denn auch tatsächlich zur „versierten Unterrichtstätigkeit" befähigt?

Grundsätzlich und übergeordnet orientiere ich mich zur Klärung dieser Frage an den Prämissen des **BAMF-Lernzielkatalogs für Spezial- und Basisberufssprachkurse:** [30]
Hier wurde bereits in der Präambel (S. 4) festgestellt, dass „für eine **gelingende Integration in das gesellschaftliche Leben und insbesondere in den Arbeitsmarkt** *'Sprache' der entscheidende Faktor ist,* da **gute Sprachkenntnisse** den *Austausch mit KollegInnen*, die *Kommunikation mit Kunden und Geschäftspartnern*, die *fachgerechte Ausführung von Arbeiten*, die *Wahrnehmung eigener Interessen gegenüber Vorgesetzten* und vieles mehr ermöglichen. Für die **meisten Tätigkeiten in arbeitsweltlichen Kontexten sind gute** *sprachliche* **Kompetenzen also zwingend erforderlich**." Unter anderem aus diesem Grund ist der BAMF-Lernzielkatalog „nach GER-Stufen ausdifferenziert und berücksichtigt somit die Bedarfe der jeweiligen Zielgruppen" (S. 5).

---

[29] http://www.poeteus.de/zitat/Der-Weg-ist-das-Ziel/238. Konfuzius (abgerufen am 03.07.2022).
[30] https://www.bamf.de/SharedDocs/Anlagen/DE/Integration/Integrationskurse/Lehrkraefte/ S. 4-9. (abgerufen am 14.05.2022/16.06.2022/03.07.2022).

Die arbeitsmarktintegrierende Relevanz dieser Aussagen läßt sich bereits am **Interview** mit **Friseurin Esmeralda in** <u>**Modul 1**</u> erkennen und wie nachfolgend formulieren: Je **besser die mündliche Sprachkompetenz der Teilnehmer** am Berufssprachkurs ist bzw. wird, *desto besser und leichter gestaltet sich der **Eintritt in das und der sichere Auftritt im Arbeitsleben**. Esmeralda hat es geschafft, sie verfügt über **einen unbefristeten Arbeitsvertrag**, wobei ihre festgestellte schwache schriftliche Sprachkompetenz selbst für den Friseurberuf wohl völlig* unzureichend bleibt!

Dementsprechend muss ich mich als gewissenhafte Lehrkraft **resümierend selbst fragen:** *„Wie fügt man all diese wichtigen spezifizierten Forderungen des Lernzielkatalogs am besten zusammen? Inwieweit bin ich reflektierend als Person in der Lage, diese Forderungen nach absolvierter Zusatzqualifizierung selbst zielorientiert und teilnehmergerecht realisieren zu können?"*

Die **Textanalyse in** <u>**Modul 2**</u> schult die *„Berufsbezogene linguistische Kompetenz"* der Lehrkraft. Und insgesamt fühle ich mich tatsächlich linguistisch bereichert: Textanalysen sind insgesamt anstrengend, doch konstruktiv und als ein weiteres positives Ergebnis für meine Lehrkompetenz zu werten!

<u>**Modul 3**</u> *„Förderung des selbstständigen Sprachenlernens und arbeitsmarktrelevanter Schlüsselkompetenzen im Erwachsenenalter"* mit meinem Unterrichtsthema **„Reklamation – ein Beschwerdegespräch führen"** und der beschriebenen Schlüsselkompetenz **„Verständnis/Entgegenkommen signalisieren"** (vgl. Anlage) empfand ich ebenso als sehr wichtig, lehrreich und sinnvoll für *meinen eigenen Lernfortschritt als Lehrkraft!* Denn zunächst dieses Unterrichtskonzept für ein Rollenspiel in der Feinplanung zu erstellen und es danach im Unterricht zu realisieren mit dem Beobachten des Teilnehmerverhaltens, ist auch der *Schlüssel zu weiteren konstruktiven Kursaktivitäten und Rollenspielen.* Den Teilnehmern wurden die Redemittel für das Rollenspiel einer erfolgreichen Reklamation vermischt an die Hand gegeben, die sie nach erfolgreicher Gruppenarbeit d.h. dem Finden der korrekten Reihenfolge der Redemittel, *im Spiel mit sichtlichem Spaß* auch *korrekt verbal* in dieser **lebensnahen Szenerie** *anwenden konnten.* Ein **voller Erfolg** also, wie mir meine Kollegin, Frau Wüscher, bestätigte! Und *Motivation zur Fortsetzung derartiger Unterrichtsgestaltung* in Form von *realistischen Rollenspielen.*

Die Gruppenarbeit im Rahmen von <u>**Modul 4**</u> *„Didaktik und Methodik im berufsbezogenen Deutschunterricht"* funktionierte sehr gut und zufriedenstellend. Besonders interessant fand ich die Zusammensetzung unserer Gruppe: Eine Afrikanerin, die in Sachsen lebt, eine Ungarin und eine Türkin – ebenfalls ansässig in den östlichen Bundesländern und ich selbst mit ausschließlich 'deutschen Wurzeln' aus dem Frankenland, die wir alle Deutsch-Unterricht für MigrantInnen geben. Wir kommunizierten wunderbar und das Ergebnis unserer Kooperation manifestiert sich im Unterrichtskonzept mit dem Thema *„Gesundheit/Umgang mit beruflichem Stress – Lösungsansätze und –strategien"*, für dessen Erstellung wir mit unterschiedlichen Denkansätzen doch eine schnelle und konstruktive gemeinsame Basis fanden. *Solche Ergebnisse einer gemeinsamen Zusammenarbeit stimmen mich sehr fröhlich und ich möchte sie nicht missen* - trotz des Todes meines Vaters am 13. Mai 2022!

Hilfreich zur persönlichen Kompetenzerweiterung war in Modul 4 für mich besonders die von Frau Barbara Powitz besprochene *Lehr-/Lernmethode der „Szenarien im berufsbezogenen Unterricht Deutsch als Zweitsprache"*, da sie zusätzlich als *geeignete Methode für eine objektive Sprachstandserhebung* zweckdienlich ist. [31] Auch weitere präsentierte Lehr-/Lernmethoden wie z.B. die des (Mikro)-Scaffoldings waren sehr aufschlussreich. Insgesamt war also auch *Modul 4 eine große Bereicherung* für die *persönliche Kompetenzerweiterung als BSK-Lehrkraft*.

Modul 5 *„Evaluieren, Prüfen, Testen"* ist stets auch ein etwas 'heikles Thema' – deshalb umso wichtiger, hier einen klaren Kompass zu entwickeln, zu haben und zu vertreten. Hierauf möchte ich nun wie folgt detailliert eingehen: Eine souveräne BSK-Lehrkraft muss bereits gezielt in der sorgfältig geplanten Prüfungsvorbereitungsphase die wichtigsten Kriterien für eine teilnehmerorientierte Prüfungsvorbereitung explizit benennen, beschreiben und den Teilnehmern im Unterricht beständig präsentieren, so dass diese den notwendigen Motivationskick erhalten, sich auch selbstständig möglichst optimal auf die Prüfungssituation vorzubereiten, um den Berufssprachkurs letztlich erfolgreich abschließen zu können. Dafür ist *das intensive Training der routinehaften Kommunikationskompetenz der Teilnehmer die Erfolgsgarantie*. Die Lehrkraft d.h. ich selbst, kann diese *Schlüsselkompetenz* am besten *mittels Szenarien und Rollenspielen* intensiv trainieren. Die Teilnehmer können sich idealerweise vorab selbst mit relevanten Themen beschäftigen und diese dann zur Abstimmung vorschlagen, so dass ich als lehrende Führungsperson eine große, sinnvolle und zielorientierte 'Entlastung' zugunsten der Teilnehmer erfahren kann, die mit dieser zielgenauen Vorbereitung ebenso durch beständige Verbesserung ihrer Kommunikationskompetenz spürbar 'stressentlastet' werden! So konnte ich diese positive Kursentwicklung bereits im vorherigen Integrationskurs auf dem Niveau B1 nach Beendigung des Corona-Lockdowns steuern und so konnte ich es – allerdings mit größerer Kraftanstrengung – auch im aktuellen Berufssprachkurs – erreichen, in dem die meisten Teilnehmer den deutschen Arbeitsmarkt noch nicht kennenlernen konnten. Diese

---

[31] https://acrobat.adobe.com/link/track?uri=urn:aaid:scds:US:9186f4b8-bc83-3b8f-926f-98a5bafcdf5d S. 27. (abgerufen am 07.07.2022).

erfreuliche Entwicklung gibt mir mittlerweile das gute und ersehnte Gefühl, diese *sehr schwierigen Teilnehmer auf den richtigen Weg zum Prüfungserfolg führen zu können.* Denn schließlich verfüge ich auch über die *Prüferlizenz als telc-Trainerin,* was für den Unterrichtserfolg sehr förderlich ist. Inzwischen habe ich auch eine neue Partnerlehrkraft, die über eine größere Lehrerfahrung in Berufssprachkursen verfügt als ich und mir – auf Augenhöhe - mit Rat und Tat zur Seite steht. Aus dem analysierten Prüfungsgespräch mit Milica und Dusan habe ich auch den Rückschluss gezogen, dass sich ein Dialog zwischen zwei Diskussionspartnern schnell und unerwartet ändern kann (Milica vergisst am Ende kurzfristig den eigentlichen Diskussionsanlass), also ein Prüfer bis zuletzt hochkonzentriert sein bzw. agieren muss! [32]

Modul 6 *„Digitale Kompetenz"* Von diesem Modul versprach ich mir laut Einstiegsreflexion den größten Kompetenzgewinn. Und so ist es auch nach fast durchlaufener Zusatzqualifikation Berufssprachkurse objektiv festzustellen! Im *anfänglichen Fragebogen von Frau Barbara Powitz merkte ich an,* dass **„Digitale Medien Fluch und Segen zugleich sind!"** Ihre intelligente Ver-/Anwendung können den Lernerfolg bei Lernwilligen wesentlich steigern, sofern die *technischen Voraussetzungen gewährleistet sind*, was in der Bundesrepublik Deutschland leider oftmals immer noch der "Haken" ist! [33] Logischerweise ist *auch der Stand der digitalen Kompetenz der Teilnehmer selbst für den gesamtheitlichen Unterrichtserfolg maßgeblich!* Denn hier ist **im Bedarfsfalle sowohl die „didaktisch-methodische Kompetenz als auch die technische, handwerkliche und kreative Kompetenz der Lehrkraft umso mehr ad hoc erforderlich!"** Meine **jetzigen Teilnehmer des BSK A2/B1+/B1** haben mit mir noch *keinen komplett digitalen Unterricht aufgrund von Corona-Maßnahmen absolvieren müssen. Sie sind bisher größtenteils sehr unbeständig bei ihrer Unterrichtspräsenz gewesen. Das entwickelt sich erst seit wenigen Wochen in positivere Richtung, je näher der Prüfungstermin rückt. Wenn ich nun noch mit hauptsächlich Hybrid-Unterricht aufwarten würde, wäre dies für die Teilnehmer in jedem Falle eine vermeidbare zusätzliche Überforderung und ein zu großes Risiko/Hindernis für deren Lernerfolg!* So muss auch mein sorgfältig feingeplantes digitales Unterrichtskonzept (vgl. Anhang) zum Thema **„Reklamation – ein Beschwerdegespräch führen: "Was ist fehlerhaft an dem Gerät (Wasserkocher)?" – Motto „Der Kunde ist König!"** – noch warten …! Dass heutzutage *"Digitale Kompetenz" auch eine berufliche Schlüsselkompetenz* darstellt, habe ich den BSK-Teilnehmern mehrfach unmissverständlich klargemacht und sie motiviert, auch in diesem Bereich ihre Lernbereitschaft erheblich zu verbessern!

---

[32] https://youtu.be/KfOQURl2wr0 (abgerufen am 04.06.2022/25.06.2022/01.07.2022).
[33] Fragebogen_Modul 6 ZQ BSK 2022_06.docx S. 1. (abgerufen am 09.07.2022

Als große Wissensbereicherung und Orientierungshilfe für den digitalen Berufssprachkurs-Unterricht habe ich das **„Qualitätsdreieck zum Einsatz von digitalen Medien im Berufsbezogenen Deutsch"** mit seinen **„Digital-Dreidimensionalen Qualitätskriterien"** entdeckt, welches *einen sanften und anwendungsorientierten Einstieg zum Unterrichten mit digitalen Medien ermöglicht. Sie schärfen bei der Unterrichtsplanung den Blick auf gewisse qualitative Merkmale und erleichtern die Durchführung digital gestützter Aktivitäten.* [34]

Im Einzelnen werden hierbei **drei Dimensionen berücksichtigt:**

Methodisch-didaktische Prinzipien mit Handlungsorientierung, Interaktionsorientierung, Interkultureller Orientierung, Lerneraktivierung, und Lernerautonomie.

Kriterien, die für die Nutzung von bestimmten Tools sprechen wie Anpassungsfähigkeit, Förderung der Reflexionsfähigkeit, Ermöglichen von Kooperation, Ermöglichen von Authentizität und Bedienererfreundlichkeit.

Qualitätskriterien, die sich für die *Planung und Gestaltung des Berufsbezogenen Deutschunterrichts* bewährt haben, insbesondere Handlungsorientierung, Bedarfsorientierung, Teilnehmerorientierung.

Die genannten Prinzipien und Kriterien bringen die didaktischen und methodischen Notwendigkeiten für mich als Lehrkraft beim digitalen Unterrichten auf den Punkt, so dass ich meine *Unsicherheit im Umgang mit dieser Aufgabe doch in großem Maße verloren habe und mit weiterer Unterrichtspraxis perspektivisch nahezu vollständig verlieren werde.*

Modul 7 *„Aufgaben, Rollen und professionelles Handeln der Lehrkräfte in Berufssprachkursen":*

Für meine persönliche Reflexionsarbeit bediente ich mich nach der Hospitation bei meiner Arbeitskollegin Frau Seliverstov ergänzend des *„Greta-Reflexionsbogens",* der mir nochmals meine didaktischen und methodischen Stärken und Schwächen exemplarisch vor Augen führte, wie insbesondere die notwendige *genaue Unterrichtsfeinplanung* mit *Benennung der jeweiligen Lernziele,* um die angestrebte **Handlungsorientierung und Lernerautonomie** der Teilnehmer *zu keinem Zeitpunkt während des Unterrichtsgeschehens aus dem Auge zu verlieren und diese Ziele den Teilnehmern immer wieder verbal zu vermitteln, da diese bekanntlich gerne die Selbstverantwortung auf die Lehrkraft 'übertragen' möchten, was ihrem Erwachsenenstatus in einer freiheitlichen Demokratie jedoch widerspricht und sie hier in Deutschland ganz einfach mehr Eigeninitiative entwickeln müssen!* [34]

---

[34] https://www.greta-die.de/webpages/projektergebnisse/greta-reflexionsbogen **(abgerufen am 03.07.2022)**

Dass meine Kollegin mit wenig Ansprache an und sehr wenig Tafelanschrift für die Teilnehmer den Unterricht in der Hauptsache wohlgelungen gestaltet, hat mit Sicherheit triftige methodische Gründe. Auch ich versuchte, meine *eigene verbale Unterrichtsbeteiligung zu verringern* (z.B. ausführliche Rechtfertigungen für mein professionelles Unterrichtsverhalten brauche ich nun nach geleisteter BSK-Zusatzqualifikation nicht mehr explizit zu äußern …) und gleichzeitig entsprechend *meine Tafelanschriften einzuschränken* mit der kürzlich geäußerten Resonanz der Teilnehmer, dass ich doch wieder mehr v.a. Grammatikbeiträge analog anschreiben solle. *Die Stimmung im DeuFöV-Kurs hat sich doch wesentlich verbessert* – ich denke, auch aufgrund meiner vielen Statements zu prüfungsrelevanten Unterrichtsthemen bzw. Prüfungsschwerpunkten und entsprechenden Bewertungskriterien des relevanten Prüfungskonzepts.

Persönliches Fazit für Modul 7:

„Finde deinen *eigenen Weg*, an jedem Tag, um berufssprachlichen Deutschunterricht *teilnehmergerecht und selbstwirksam* gestalten zu können!"

Patentrezepte gibt es nicht, und wenn es sie geben sollte, können sie nur recht und schlecht funktionieren, da in jedem DeuFöV-Kurs *charakterlich unterschiedliche Teilnehmer mit unterschiedlicher Arbeitssozialisation* sitzen, wenn überhaupt, welche mit der deutschen Berufssprache mündlich wie schriftlich vertraut gemacht werden müssen, um sie als verantwortungsbewusste Lehrkraft in "unserem gemeinsamen Deutschland" *bestens auf den hiesigen Arbeitsmarkt vorzubereiten!*

Modul 8 *„Interkulturalität und Integration in den Arbeitsmarkt"*

Als einfacher **„Teamplayer"** habe ich selbstredend dieses Thema als Hauptaspekt für Modul 8 gewählt: Wer nicht begreift, dass er/sie – weder beruflich noch privat - nicht ausschließlich zum Selbstzweck geboren wurde, wird auch in der Interdependenz mit anderen Mitmenschen und ArbeitskollegInnen nur schwerlich verstehen, dass er/sie *ein kleines Rädchen im Getriebe ist!* Wie bereits detailliert unter Modul 8 besprochen (vgl. S. 31 ff.), sei an dieser Stelle nochmals explizit festgestellt, dass auf Dauer nur überzeugte „Teamplayer" auf dem deutschen Arbeitsmarkt eine gute Chance zur "seriösen Integration" haben! Diesen Lernprozess vollziehe ich gerade vorzugsweise im DeuFöV-Kurs mit den Teilnehmern – mit wachsendem Erfolg!

Fortbildungswünsche

Konkret habe ich **zwei Fortbildungswünsche** für meine professionelle Zukunft:
Eine baldige Weiterbildung für *schwerst traumatisierte TeilnehmerInnen* zu besuchen, um diese (noch) besser in den *Unterrichtsablauf integrieren* zu können. Diese könnte ich demnächst in

einer Fachklinik für psychosomatische Erkrankungen hier in der Nähe meiner Heimatstadt S. absolvieren.

In meinen derzeitigen Deutschkursen (Alphabetisierung und DeuFöV) habe ich einige schwer traumatisierte TeilnehmerInnen zu beschulen, denen ich am liebsten mit noch professionelleren Lerntipps begegnen möchte.

Und weitere Weiterbildungen v.a. zur *Erweiterung der telc-Prüferlizenz* und gleichzeitig zum *Erlangen einer noch größeren Selbstsicherheit* gegenüber den Sprachkursteilnehmern, würde ich demnächst gerne realisieren. Ich hoffe sehr, dass ich diese Wünsche gut mit meinen familiären (v.a. wegen dem kürzlichen Tod meines Vaters) und weiteren privaten Verpflichtungen, vereinbaren kann.

Endfazit der Zusatzqualifikation Berufssprachkurse:

Ohne diese Weiterqualifizierung wäre ich *beruflich wie privat nicht an den Punkt gelangt*, an dem **ich selbst wesentlich größere und gesicherte Handlungs- und Denkfreiheit erlangt** habe. Dieses Wissen stimmt mich – trotz schwerer politischer Krisenzeiten – sehr zuversichtlich!

45

V

-Quellenverzeichnis-

1. https://www.youtube.com/watch?v=lN4AcFzxtdE (abgerufen am 25.06.2022).
2. https://de.search.yahoo.com/yhs/search?hspart=tro&hsimp= yhs-freshy&type=Y219_F163_204671_042422&p=zoom+homepage+deutsch (abgerufen am 25.06.2022).
3. https://ilias.uni-arburg.de/ilias.php?ref_id=2733990&cmdClass=ilrepositorygui&cmdNode =z4&baseClass=ilrepositorygui (abgerufen am 11.04.2022).
4. https://ilias.uni-marburg.de/goto.php?target=file_2734042&client_id=UNIMR (abgerufen am 23.05.2022).
5. https://www.grin.com/document/1138519 (abgerufen am 12.05.2022).
6. https://www.grin.com/document/1138030 (abgerufen am 13.05.2022).
7. https://www.europa-lehrmittel.de/Bildwoerterbuch-PLUS-Friseur-Friseurin/64769-1 (abgerufen am 27.04.2022).
8. https://www.bamf.de/SharedDocs/Anlagen/DE/Integration/Integrationskurse/Lehrkraefte/ S. 4-9.
(abgerufen am 14./18.05.2022 und 16/17.06.2022).
9. https://www.blinklearning.com/coursePlayer/curso2.php?idcurso=3869746
Linie 1 Beruf B1+/B2 +B2 Digitales Kurs- und Übungsbuch, Klett, S. 124/131.
(abgerufen am 14/16.05.2022).
vgl. wegen Lizensablauf nach 30 Tagen auch:
https://www.derdiedaf.com/lehrwerk/linie-1-beruf/583 Susan Kaufmann, Ulrike Moritz, Margret Rodi, Lutz Rohrmann, Anja Schümann, Hildegard Meister - Linie 1 *Beruf* B2 Deutsch für Berufssprachkurse: Kurs- und Übungsbuch mit Audios und Videos | Klett Sprachen Stuttgart 2002, S. 124/125/131. (abgerufen am 22.06.2022).
10. https://www.voting.menti.com (abgerufen am 14.05.2022).
11. https://deutsches-schulportal.de/unterricht/app-tipp-padlet-die-digitale-pinnwand-fuer-den-unterricht/
(abgerufen am 14.05.2022).
12. https://www.youtube.com/watch?v=g2f2LfrODwl&list=PL1233305DD349AD52&index=6 (abgerufen am 16.05.2022).
13. https://www.hueber.de/media/36/IM_BERUF_NEU_B2_Arbeitsbuch_Loesungen 20171121.pdf (abgerufen am 18.05.2022).
14. https://shop.telc.net/de_DE/pruefungsvorbereitung/lehrwerke/einfach-besser-deutsch-fur-berufssprachkurse-b1-kurs-und-arbeitsbuch.html (abgerufen am 18.05.2022).
15. https:// www.youtube.com/watch?v=GUiFLne10BE (abgerufen am 18.05.2022).
16. https:// .klett-sprachen.de/treffpunkt-dialog/t-0/9783126071253 LW „Treffpunkt Dialog

Sprechtraining A1•A2•B1•B2", Klett, S. 92/93. (abgerufen am 13.05.2022).

17. https://learningapps.org/display?v=pz67uot2v22 (erstellt am 17.06.2022).

18. https://www.haufe.de/personal/hr-management/gruppendynamische-effekt/
der-koehler-effekt_80_164674.html (abgerufen am 26.05.2022).

19. https://www.researchgate.net/profile/Klaus-Boerge-
Boeckmann/publication/323756267Eigen-
und_Fremdkultur_in_der_Fremdsprachenausbildung_Interaktion_im_Unterricht/_links/
5aa93efda6fdccd3b9b958c7/Eigen-und-Fremdkultur-in-der-Fremdsprachenausbildung-
Interaktion-im-Unterricht.pdf?origin=publication_detail
Boeckmann Klaus-Börge: „Eigen- und Fremdkultur in der Fremdsprachenausbildung:
Interaktion im Unterricht" in: Asiatische Germanistentagung 1997: Literatur im multi-
medialen Zeitalter – Neue Perspektiven der Germanistik in Asien (Band 2), S. 111-115.
(abgerufen am 28.05.2022).

20. https://www.derdiedaf.com/lehrwerk/linie-1-beruf/583 Susan Kaufmann, Ulrike Moritz,
Margret Rodi, Lutz Rohrmann, Anja Schümann, Hildegard Meister - Linie 1 *Beruf* B2
Deutsch für Berufssprachkurse: Kurs- und Übungsbuch mit Audios und Videos | Klett
Sprachen Stuttgart 2022, S. 131. (abgerufen am 22.06.2022).

21. © Werner Tiki Küstenmacher und Lothar J. Seiwert Campus Verlag, Frankfurt am Main

22. LearningApps.org-interaktive und multimediale Lernbausteine 'Pinnwand'.
(abgerufen am 31.05.2022).

23. Verhaltensweisen bei Reklamation m. einfacher Reihenfolge –Verständnis
signalisieren / Der Kunde ist König! / fairen Kompromiss erzielen
(learningapps.org) 'Einfache Reihenfolge'. (abgerufen am 31.05.2022).

23. https://www.bamf.de/SharedDocs/Anlagen/DE/Integration/Berufsbezsprachf-ESF-BAMF/
BSK-Konzepte/b1-modelltest-bsk.pdf;jsessionid=
F4EF7E8C043EE2E83F6A5373BCB07468.intranet252?blob=publicationFile&v=8
(abgerufen am 29.05.2022).

24. https://www.bamf.de/SharedDocs/Anlagen/DE/Integration/Integrationskurse/Lehrkraefte/
pruefungshandbuch-deutsch-tests-beruf.pdf?blob=publicationFile&v=3
(abgerufen am 29.05.2022).

25. telc Deutsch B1 B2 Pflege Video 01 - YouTube
(abgerufen am 04.06.2022/25.06.2022/01.07.2022).

26. https://richarddpetty.files.wordpress.com/2010/03/sill-english.pdf
(abgerufen am 04.06.2022).

27. E-Book (cornelsen.de) (abgerufen am 05.06.2022).

28. https://acrobat.adobe.com/link/track?uri=urn:aaid:scds:US:daec76c9-ec9b-321d
(abgerufen am 05.06.2022).

29. https://acrobat.adobe.com/link/track?uri=urn:aaid:scds:US:c7cfc0c4-57bf-3a46-8e 5e- 1158b3aba7d2 (abgerufen am 06.06.2022).

30. https://www.europaeischer-referenzrahmen.de (abgerufen am 06.06.2022).

31. https://goeasyberlin.de/wp-content/uploads/2016/04/telc_Deutsch_Handbuch_B2.pdf S.10/11. (abgerufen am 06.06.2022).

32. https://www.telc.net/fileadmin/user_upload/telc_deutsch_b2_tipps-fuer-teilnehmer_03.pdf S. 31. (abgerufen am 06.06.2022).

33. https://www.hs-osnabrueck.de/fileadmin/HSOS/Homepages/LearningCenter/Dateien/ /Lehrkolleg/Die_Qualitaet_des_Selbststudiums_foerdern_-_Einfuehrung_ins_Thema.pdf Frank Mayer, S. 8. (abgerufen am 06.06.2022).

34. https://elibrary.steiner-verlag.de/content/pdf/99.105010/sprib201901011801.pdf Rezensionen Sprib 2, 2019/1, S. 118–120 Christian Efing (Hrsg.) Sprache und Kommunikation in der beruflichen Bildung. Modellierung – Anforderung – Förderung, Frankfurt am Main: Peter Lang Verlag 2015 (Wissen – Kompetenz – Text, hrsg. von Christian Efing, Britta Hufeisen und Nina Janich, Band 9). (abgerufen am 09.06.2022).

35. https://www.db-thueringen.de/servlets/MCRFileNodeServlet/dbt derivate_00013903/Kuhn/Dissertation.pdf, S. 226-229 (abgerufen am 09.06.2022)

36. https://www.derdiedaf.com/lehrwerk/linie-1-beruf/583 Susan Kaufmann, Ulrike Moritz, Margret Rodi, Lutz Rohrmann, Anja Schümann, Hildegard Meister - Linie 1 Beruf B2: Kurs- und Übungsbuch mit Audios und Videos | Klett Sprachen Stuttgart 2022, S. 47-60. (abgerufen am 10.06.2022).

37. https://www.cornelsen.de/produkte/fokus-deutsch-erfolgreich-in-alltag-und-beruf-brueckenkurs-kurs- und- uebungsbuch-b1-9783061224554 Maenner, Schote, Weimann - Fokus Deutsch Allgemeine Ausgabe B1+ Erfolgreich in Alltag und Beruf: Brückenkurs (B1+) Kurs- und Übungsbuch, Cornelsen 2021, S. 44-59. (abgerufen am 11.06.2022).

38. https://www.grin.com/document/117817 Claassen Nils, Beschreibung der Relevanz des Faktors Teamarbeit für die Volkswirtschaft Deutschlands, München GRIN Verlag 2008, Leseprobe S. 1. (abgerufen am 11.06.2022).

39. https://ilias.unimarburg.de/ilias.php?ref_id=2786065&cmd=frameset&cmdClass= ilrepositorygui&cmdNode=z4&baseClass=ilRepositoryGUI Wertereflexion CKG. (abgerufen am 08.06.2022).

40. https://ebook.cornelsen.de/220055612/ebook S. 142-159 (abgerufen am 10.06.2022).

41. https://www.bamf.de/SharedDocs/Anlagen/DE/Integration/Integrationskurse/Lehrkraefte/ konzeption-fuer-die-zusatzqualifikation-von-lehrkraeften-bsk-pdf.pdf?__blob

42. https://www.deutsch-am-arbeitsplatz.de/fileadmin/user_upload/PDF/BD_Fachstelle_Brosch%C3%BCre

2012_A4_web.pdf S. 17/45. (abgerufen am 29.06.2022).

43. https://www.netzwerk-iq.de/fileadmin/Redaktion/Downloads/IQ_Publikationen/Thema_Sprachbildung/Broschuere_Sprachbedarfsermittlung_2012.pdf (abgerufen am 29.06.2022).

44. http://www.poeteus.de/zitat/Der-Weg-ist-das-Ziel/238 Konfuzius. (abgerufen am 03.07.2022).

45. https://www.bamf.de/SharedDocs/Anlagen/DE/Integration/Integrationskurse/Lehrkraefte/ S. 4-9. (abgerufen am 14.05.2022/16.06.2022/03.07.2022).

46. https://www.bamf.de/SharedDocs/Anlagen/DE/Integration/Integrationskurse/Lehrkraefte/konzeption-fuer-die-zusatzqualifikation-von-lehrkraeften-bsk-pdf.pdf;jsessionid=B5A9E12952DDD8467CB3A423F920B316.internet272?__blob=publicationFile&v=5 S. 7. (abgerufen am 03.07.2022)

47. https://www.deutsch-am-arbeitsplatz.de/fileadmin/user_upload/PDF/10_Fachstelle/Qualit%C3%A4tskriterien_digital_final_.pdf S. 6-12. (abgerufen am 14.05.2022/16.06.2022/03.07.2022).

48. https://acrobat.adobe.com/link/track?uri=urn:aaid:scds:US:9186f4b8-bc83-3b8f-926f-98a5bafcdf5d S. 27. (abgerufen am 07.07.2022).

49. Fragebogen_Modul 6 ZQ BSK 2022_06.docx S. 1. (abgerufen am 08.07.2022).

50. https://www.bamf.de/SharedDocs/Anlagen/DE/Integration/Integrationskurse/Lehrkraefte/ (abgerufen am 09.07.2022)

VI

-Anhang-

1. Interview am 26.06.2022 in S. mit Friseurin E. K.

   (vgl. Portfolio C. K.-G. vom 09.07.2022, S. 11-13). (Modul 1).

2. Digitales Kurs- und Übungsbuch | BlinkLearning: Artikel „Work-Life-Balance wird immer wichtiger", Linie 1 Beruf B1 B1+/B2, Klett, S. 131. (Modul 2).

3. Digitales Kurs- und Übungsbuch | BlinkLearning: Text „Acht Stufen zu einem einfacheren Leben", Linie 1 Beruf B1 B1+/B2, Klett, S. 124/125. (Modul 4).

4. Unterrichtsfeinplanung -*Reklamation Wasserkocher (Verständnis)*: „Der Kunde ist König!"- . (Modul 3).

5. Unterrichtsfeinplanung Gruppe: A. K., T. K.-M., M. H.,

   C. K.-G.:

   -*Gesundheit/Umgang mit beruflichem Stress – Lösungsansätze und –strategien-* . (Modul 4).

6. Unterrichtsfeinplanung –*Reklamation Wasserkocher (formgerechte Reihenfolge!/Verständnis per Learning App):* „Der Kunde ist König!"- . (Modul 6).

7. „telc-b1-modelltest-bsk" Deckblatt. (Modul 5).

8. „telc-pruefungshandbuch-deutsch-tests-beruf" Deckblatt. (Modul 5).

9. „Prüfungsbeobachtungs-Protokoll Deutsch B1 B2 Pflege (Modul 5-PER): https://youtu.be/KfOQURI2wr0." (Modul 5).

10. Abfragebogen „C. K.-G.: Reflexion Inter-/Transkulturelle Werte in Beruf und privatem Umfeld:

    https://ilias.unimarburg.de/ilias.php?ref_id=2786065&cmd=frameset&cmdClass=ilrepositorygui&cmdNode=z4&baseClass=ilRepositoryGUI ." (Modul 8)

BEI GRIN MACHT SICH IHR
WISSEN BEZAHLT

- Wir veröffentlichen Ihre Hausarbeit,
  Bachelor- und Masterarbeit

- Ihr eigenes eBook und Buch -
  weltweit in allen wichtigen Shops

- Verdienen Sie an jedem Verkauf

Jetzt bei www.GRIN.com hochladen
und kostenlos publizieren